物联网技术

在电网企业的应用

广东电网有限责任公司广州供电局　组编
胡帆　主编

中国电力出版社
CHINA ELECTRIC POWER PRESS

内 容 提 要

物联网技术迅速兴起和完善，其与电网企业业务融合，将极力推动电力能源工业的快速发展。

本书共分 9 章，主要内容包括物联网内涵、特征、体系架构、技术架构、组网架构和应用领域，物联网技术在智能电网中的应用，在电网企业生产域、物资域、基建域、营销域和其他域的应用蓝图、需求分析和设计思路，电力物联网信息安全，以及电力物联网的应用展望。

本书可供电力企业的技术管理人员、电网信息规划建设与运维技术人员阅读参考。

图书在版编目（CIP）数据

物联网技术在电网企业的应用/胡帆主编；广东电网有限责任公司广州供电局组编. —北京：中国电力出版社，2020.6（2023.6重印）

ISBN 978-7-5198-4373-1

Ⅰ. ①物… Ⅱ. ①胡…②广… Ⅲ. ①互联网络–应用–电力工业–工业企业②智能技术–应用–电力工业–工业企业 Ⅳ. ①F407.61-39

中国版本图书馆 CIP 数据核字（2020）第 030345 号

出版发行：中国电力出版社
地　　址：北京市东城区北京站西街 19 号（邮政编码 100005）
网　　址：http://www.cepp.sgcc.com.cn
责任编辑：罗　艳（010-63412315）　赵　杨　郑晓萌
责任校对：黄　蓓　常燕昆
装帧设计：张俊霞
责任印制：石　雷

印　　刷：廊坊市文峰档案印务有限公司
版　　次：2020 年 6 月第一版
印　　次：2023 年 6 月北京第四次印刷
开　　本：710 毫米×1000 毫米　16 开本
印　　张：11.5
字　　数：196 千字
印　　数：2501—3500 册
定　　价：58.00 元

编 委 会

主　　编	胡　帆
副 主 编	刘育权　王柏勇
委　　员	索智鑫　卢廷杰　饶　毅　苏志鹏
	陆国俊　吴志刚　安志国　熊　文
	王　莉　衷宇清　吴　琼　翁　枫
	陈伟松　张远亮　邓　凡
本书编写组	高　明　张文斐　赵　亮　王德辉
	杨　杰　孙煜华　陆宏治　卢有飞
	钟国新　葛馨远　郑　欣　刘　叶
	李勇斌

序

物联网是指物物相连、万物互联的一个巨大网络，通过网络实现物体间的广泛信息交互，以提升物体管理的智能化、自动化、信息化的应用水平。物联网集感知采集、数据传输、智能应用为一体，通过感知层、网络层、应用层的相关关键技术，实现物物相连、人物交互，是实现系统信息的网络化管理更智能、更可靠的重要手段之一。

电力系统的一次部分是自然互联的，将物联网技术应用于电网企业，是电力二次部分发展的需要和趋势。电力二次系统与物联网技术融合，可有效整合通信基础设施资源和电力系统基础设施资源，提高电力系统信息化水平，改善电力系统现有基础设施利用效率，为电网发、输、变、配、用电等环节提供重要技术支撑。因此，电力物联网融合了通信、信息、传感、自动化和人工智能等技术，在电力生产、输送、消费、管理各环节，广泛部署具有强大感知能力、计算能力和执行能力的各种智能感知设备，采用基于 IP 的标准协议，通过电力信息通信网络，实现信息安全可靠传输、协同处理、统一服务及应用集成，从而实现电网运行及企业生产管理全过程的全景全息感知、互联、展示和调控。

本书从电网企业的实际业务应用需求出发，给出了物联网关键技术在电网企业中的生产、物资、基建、营销及其他业务领域的应用设计，并探讨了电力物联网的安全问题和应用展望，为电力物联网的设计与建设提供参考。

值得一提的是，广州供电局有限公司前期已开展了移动互联技术在电网企业中的应用研究（参见《移动互联技术在电网企业的应用》），实际应用表明提升了企业生产运营效率。而且，电力物联网与移动新技术（5G 通信）融合的应用研究，也将是一个重要的应用研究方向。

由于编者水平有限，书中如有纰漏之处，恳请读者及同行不吝赐教。

编　者

2019 年 1 月

前　言

物联网是互联网的延伸，连接了数目更加庞大的计算机设备、智能设备和感应终端，形成一个更大范围的信息网络，结合自动化技术，促进更广泛的人与人、人与物、物与物的自动化、智能化协作，在工业领域将产生巨大的变革推动力，催生出众多的业务形态。

电力系统物理上天然一体，在世界上可算作最为复杂的工业网络系统，在管理上有两个特点：一个是管理难度大，电力系统具有数目庞大的生产、运营设备和各类作业人员及现场，精益化管理面临诸多困难；另一个是管理要求高，电力行业是涉及国计民生的重要基础行业，其运营管理必须高度安全可靠。这些特点为物联网技术在电力行业中的应用提供了巨大空间，物联网技术有助于解决庞大设备资产的高效和精益化管理问题，同时其采集的关键数据业务为安全可靠地管好电网提供了重要的信息与数据基础。

既有的电网二次系统偏重于生产运行及控制，而物联网技术将应用于资产管理、设备运维、市场营销、安全管控、现场人员及作业管控等各方面，在发、输、变、配、用电各环节开展更广范围、更深层次、更具有主题特点的应用。由于其采集的数据与信息均来源于同一个工业系统，天然具有高度协同和关联性，也必将与二次系统和各类信息化系统所产生的数据相互融合补益。电力系统自建了大量通信基础设施，这也是电网企业发展应用物联网技术的优势之一。

本书分 9 章阐述了物联网技术在电网企业中的应用。

第 1 章首先对物联网的内涵进行阐述，综合各方对物联网的描述，并提出了本书的理解。阐述了物联网的特征、物联网的应用和二次系统与物联网的关系，目的是让读者对物联网及其发展趋势有一个整体认识。

第 2 章阐述了物联网体系架构、技术架构、组网架构和应用领域，目的是简要介绍物联网的架构与应用领域。

第 3～7 章阐述了物联网技术在电网企业中的生产、物资、基建、营销和其他域的应用蓝图，并详细阐述了每个应用点的需求分析和设计思路，列出了各个应用点在物联网架构中感知层、网络层和应用层的需求，让读者更深入了解物联网技术在电网企业中的应用方向和技术实现。

第 8 章通过对物联网安全风险进行分析，对电力物联网信息安全进行探讨，提出信息安全解决方案。

第 9 章提出电力企业对电力物联网的应用展望。

由于编写时间仓促，本书难免存在疏漏之处，恳请读者提出宝贵意见。

编　者

2019 年 1 月

目录

序

前言

第 1 章　物联网概述 ········ 1

1.1　物联网的相关定义 ········ 1

1.2　物联网的特征 ········ 2

1.3　物联网发展态势 ········ 2

1.4　电网二次系统与物联网 ········ 4

第 2 章　物联网架构与应用领域 ········ 7

2.1　物联网体系架构 ········ 7

2.1.1　感知层 ········ 7

2.1.2　网络层 ········ 8

2.1.3　平台层 ········ 8

2.1.4　应用层 ········ 8

2.2　物联网技术架构 ········ 9

2.2.1　感知层的关键技术 ········ 10

2.2.2　通信层的关键技术 ········ 11

2.2.3　应用层的关键技术 ········ 13

2.3　物联网组网 ········ 17

2.4　物联网应用领域 ········ 18

2.4.1　智能电网 ········ 19

2.4.2　智能交通 ········ 19

2.4.3　智能物流 ········ 20

2.4.4　智能家居 ········ 20

2.4.5　金融服务 ········ 20

2.4.6 工业 4.0 …… 21
2.4.7 环境监测 …… 21
2.4.8 国防军工 …… 21
2.5 物联网技术在智能电网的应用 …… 22
2.5.1 物资管理 …… 23
2.5.2 基建管理 …… 24
2.5.3 安全生产管理 …… 24
2.5.4 电力营销管理 …… 25
第 3 章 生产域物联网应用 …… 26
3.1 应用蓝图 …… 26
3.2 现场作业监控类场景 …… 27
3.2.1 现场作业规范化管理 …… 27
3.2.2 现场作业安全监控 …… 32
3.2.3 现场作业人员定位 …… 34
3.2.4 现场作业人员绩效管理 …… 38
3.2.5 现场作业安保管理 …… 39
3.2.6 变电站安全作业监控 …… 41
3.3 生产设备在线监测类场景 …… 44
3.3.1 输电线路智能在线监测 …… 44
3.3.2 变电站智能化状态监测 …… 46
3.3.3 地下电缆定位管理 …… 48
3.3.4 智能配电柜应用管理 …… 53
3.3.5 配电网智能运检管控系统 …… 56
3.4 巡视运维管理类场景 …… 59
3.4.1 输电线路巡视路线管理 …… 59
3.4.2 变电站巡视路线管理 …… 62
3.5 规范化管理类场景 …… 64
3.5.1 电气五防管理 …… 64
3.5.2 两票操作规范化管理 …… 66
3.5.3 智能配电房设备台账监控 …… 69
第 4 章 物资域物联网应用 …… 73
4.1 应用蓝图 …… 73

4.2 仓储管理类场景 …… 74
4.2.1 智能仓库管理 …… 74
4.2.2 仓库环境监测 …… 82
4.2.3 供应商管理库存监控 …… 84
4.2.4 物资退役回收管理 …… 86
4.3 物资配送监控类场景 …… 89
4.3.1 物资生产过程监造 …… 89
4.3.2 抢修物资调配管理 …… 93
4.3.3 物资配送在途监控 …… 96
4.3.4 物资运输防盗监控 …… 98
第 5 章 基建域物联网应用 …… 101
5.1 应用蓝图 …… 101
5.2 应用需求分析与设计 …… 101
5.2.1 基于 RFID 的电子化移交 …… 101
5.2.2 施工进度监控 …… 105
5.2.3 施工人员绩效管理 …… 107
第 6 章 营销域物联网应用 …… 110
6.1 应用蓝图 …… 110
6.2 应用需求分析与设计 …… 110
6.2.1 应用需求分析 …… 110
6.2.2 应用设计思路 …… 111
第 7 章 其他域物联网应用 …… 113
7.1 应用蓝图 …… 113
7.2 应用需求分析与设计 …… 114
7.2.1 综合环境监测 …… 114
7.2.2 工器具管理 …… 116
7.2.3 电动汽车充电桩管理 …… 121
7.2.4 物联网终端管理 …… 126
7.2.5 保供电移动应用 …… 129
7.2.6 室内综合监控管理 …… 131
7.2.7 电力通信光缆交接箱智能管理 …… 134
7.2.8 智慧路灯应用管理 …… 138

第 8 章　电力物联网信息安全 …… 145
8.1　概述 …… 145
8.2　物联网面临的安全风险 …… 147
8.3　电力物联网信息安全探讨 …… 148
8.3.1　电力物联网的网络特征 …… 148
8.3.2　电力物联网安全防护必要性 …… 149
8.3.3　信息安全总体构建思路 …… 150
8.4　信息安全防护技术手段 …… 152
8.4.1　感知层的安全防护 …… 152
8.4.2　网络层的安全防护 …… 154
8.4.3　平台层的安全防护 …… 156
8.4.4　应用层的安全防护 …… 159
第 9 章　电力企业对电力物联网的应用展望 …… 162
9.1　电力物联网应用设计思路 …… 162
9.2　物联网的数据价值 …… 162
9.3　5G 移动通信技术的应用 …… 163
9.4　物联网与移动应用的融合展望 …… 164
9.5　电力物联网的关键应用领域 …… 167
参考文献 …… 169

第1章

物联网概述

物联网是指物物相连、万物互联的一个巨大网络。本章介绍了物联网的定义、特征、发展态势，以及物联网与电力二次系统的融合等。

1.1 物联网的相关定义

1995 年，比尔·盖茨在《未来之路》一书中提及类似“物联网”的应用设想。他设想了一种“电子别针”：当客人到达他的住所时，首先让客人随身佩戴上一种电子别针，这个特定电子设备把客人信息和房子的各种信息服务联系起来。因而通过电子别针，房子能够识别客人是谁、在哪里等信息，进而依据这些信息尽可能满足，甚至预知客人需要。

1999 年，美国麻省理工学院（MIT）提出了物联网（internet of things，IoT）的定义：将各种物体的各方面信息通过传感设备，如射频识别（radio frequency identification，RFID）装置、温度与红外传感单元、全球定位系统（global positioning system，GPS）、二维码与激光读码器、无线传输单元等种种设备与互联网结合起来而形成的一个非常庞大的网络，目的是实现所有物体通过网络能够连接共享数据信息，方便物体识别和管理。

据报道，2009 年，物联网与企业环境中欧研讨会在北京召开，欧盟委员会信息和社会媒体司 RFID 部门负责人 Lorent Ferderix 博士在会上给出了欧盟对物联网的定义：“物联网是一个动态的全球网络基础设施，它具有基于标准和互操作通信协议的自组织能力，其中物理的和虚拟的‘物’具有身份标识、物理属性、虚拟的特性和智能的接口，并与信息网络无缝整合。物联网将与媒体互联网、服务互联网和企业互联网一道，构成未来互联网。”2010 年，中国政府在第十一次人大第三次会议上所做的政府工作报告中对物联网的定义是：物联网是指通过信息传感设备，按照约定的协议把任何物品与互联网连接起来，进行信息交换与通信，以实现智能化识别、定位、跟踪、监控和管理的一种网络。它是在互联网基础上延伸和扩展的网络。

综上所述，物联网是基于互联网技术，将各种物体传感设备和互联网连接而成的一个跨地域、跨行业的庞大网络，各种对象得以全方位的信息交互，以实现物品的智能化识别、定位、跟踪、监控、管理和控制。物联网的本质是一个通信网络，其连接对象包括所有物品和人，并不局限于计算机、信息终端等信息技术设备，从而实现人与人、人与物、物与物的连接[1]。

1.2 物联网的特征

从通信对象和过程来看，物与物、人与物之间的信息交互是物联网的核心，其基本特征可概括为全息感知、泛在连接、开放共享、高度智能等。

（1）全息感知。物联网充分利用各类传感和测量技术（如 RFID 装置、传感器等），动态实现物品属性、状态、行为的全面感知，为物联网应用提供多样而灵敏的“神经末梢”，随时捕获事物的最新信息，实现物理人与物的数字化映射[2]。

（2）泛在连接。物联网依托互联网和通信网等主体信息网，配合多种无线通信网络（如 LoRa、NB－IoT、GPRS、3G、4G、5G、Wi－Fi、蓝牙等），使其用户端延伸和扩展到任何物品与物品之间，实现信息和数据无缝的全时空连接。

（3）开放共享。物联网利用智能技术对数据进行共享和管理，可实现数据上下贯通，全方位立体的实时交互，挖掘有效信息，提高数据价值。

（4）高度智能。物联网应用呈现出高度自动化和智能化的能力，由于应用系统能及时获取物品信息进行处理和分析，可进行智能监控、智能预警、智能分析、智能控制和智能互动。

1.3 物联网发展态势

自物联网概念提出之后，各国和地区高度重视，物联网的研发成为研究热点，其具体工程技术与应用也迅速发展起来。

1. 美国

美国国防部在 2005 年即将“智能微尘”（SMARTDUST）列为重点研发项目。2008 年，美国国家情报委员会更将物联网确定为：未来对美国产生重要影响的 6 项重要技术之一。2009 年 1 月，在美国工商业领袖“圆桌会议”上，奥巴马把“智慧地球”上升为美国国家战略，作为美国全球战略的重要组成部分。美国信息技术与创新基金会向政府提交了题为 *The Digital Road to Recover：A Stimulus Plan to Create Jobs，Boost Productivity and Revitalize America* 的报告，以推动物联网技术的发展。随后，美国政府在总金额为 7870 亿美元的《2009 年美国恢复与再投资法案》中予以支持。此外，美国自然科学基金委员会推出了 Cyber – Physical Systems 研究计划予以支持。物联网与新能源一道，被认为是美国摆脱金融危机振兴经济的两大核心武器。当时预测，2019 年，美国的物联网发展领跑全球，市场规模将达到 1940 亿美元，位居全球第一。

2. 欧盟

据中国经济网报道，欧盟执委会在 2005 年 4 月正式公布了未来 5 年欧盟信息通信政策框架“i2010”，提出为迎接数字融合时代的来临，必须整合不同的通信网络、内容服务、终端设备，以提供一致性的管理架构来适应全球化的数字经济，重点发展更具市场导向、弹性及面向未来的技术。2007 年，欧盟采纳了物联网发展战略，随后 2009 年 6 月，欧盟委员会向欧盟议会递交了 *Internet of Things – An action plan for Europe*（欧盟物联网行动计划），将物联网确立为欧洲下一代信息技术的发展重点，并着重网络基础设施建设与信息安全、隐私保护的研究。目前，欧盟第 7 框架计划已至少资助了 25 个物联网研究项目。

3. 日本

据物联网发展调研报告，日本继 2004 年提出了 U – Japan 战略计划：2010 年前发展与物联网密切相关的泛在网络技术。于 2009 年 2 月，日本又推出了 ICT Hatoyama Plan 纲要，研发物联网的关键技术，目标指向以 T – Engine 嵌入式操作系统、uID 标准体系为核心的计算技术，创造新的 ICT 市场和就业机会。当时预测，2019 年，日本的物联网将是紧跟美国和中国之后，市场规模将达到 654 亿美元，并期望日本信息通信产业的总产值在 2020 年达到百万亿日元。

4. 韩国

韩国也于 2004 年提出了 U – Korea 战略，并在 2009 年 10 月通过了《物联网基础设施构建基本规划》，力图打造世界上最先进的物联网基础设施，重点发展物联网服务、物联网扩散环境等关键技术。当时预测，2019 年，韩国的物联网将排全球第五位，仅次于德国，市场规模将达到257亿美元[3]。

5. 我国

我国作为物联网产业发展的积极推动者，早在2009年，就已经将物联网正式列为国家五大新兴战略性产业之一，并在2010年于江苏无锡成立了第一个国家级的物联网研究院。2015年7月，国务院印发了《关于积极推进“互联网+”行动的指导意见》，这是推动互联网由消费领域向生产领域拓展，更是加速提升产业发展水平，增强各行业创新能力，构筑经济社会发展新优势和新动能的重要举措。

我国物联网的发展目标为：2020年，云计算、大数据、物联网、移动互联网等核心技术接近国际先进水平。在国务院发布《“十三五”国家信息化规划》中，23次提及“物联网”，旨在推进物联网的部分前沿技术、颠覆性技术在全球率先取得突破，成为全球网信息产业重要领导者，其中“优先行动”方案中明确提出“积极推进物联网发展”：推进物联网感知设施规划布局，实施物联网重大应用示范工程，推进物联网应用区域试点，建立城市级物联网接入管理与数据汇聚平台，深化物联网在城市基础设施、生产经营等环节中的应用。

据调研机构IDC APel Internet of Things Market Forecast公开资料预测：到2020年，在全球物联网连接数中，将有接近1/5发生在中国。在我国，无论是政府、企业还是科研机构都对物联网给予了极大关注。近年来，在国家政策的大力扶持和业内企业的不断努力下，我国的物联网产业具有持续良好的发展势头，技术研发取得重大进展，标准体系不断完善，市场化应用稳步推进。

工业和信息化部于2017年1月发布《信息通信行业发展规划物联网分册（2016～2020年）》中提到，2015年我国物联网产业规模达到7500亿元，“十二五”年复合增长率高达25%。当时预测，2019年，我国的物联网继续领先发展，市场规模将达到1820亿美元，位居全球第二。到2020年，推进物联网感知设施规划布局，公众网络M2M连接数突破17亿，具国际竞争力的物联网产业体系基本形成，包含感知制造、网络传输、智能信息服务在内的总体产业规模突破1.5万亿元，智能信息服务的比重大幅度提升。

1.4 电网二次系统与物联网

在电力工业中，从历史和现在来看，电网二次系统研究与应用都处于不可或缺的位置，其广度和深度均处于工业的领先水平。在探讨物联网技术在电网中的具体应用问题时，很有必要了解电网二次系统与物联网的区别和联系。

在“物联网”的定义中，认为“物”被接入“物联网”需要满足条件：① 要有物的数据信息的接收器；② 要有数据传输通路；③ 要有一定的存储功能；④ 要有 CPU；⑤ 要有操作系统；⑥ 要有专门的应用程序；⑦ 要有数据发送器；⑧ 遵循物联网的通信协议；⑨ 在物联网中拥有唯一可被识别的编号。

在电网二次系统中，存在大量的自动化（自动控制）、通信、保护、稳控、计量等各类二次系统采集终端，如 RTU、DTU、PMU、智能电能表等。而这些终端，已经具备了上述对于“物”的特征要求，即具备了感知、交互、自主控制的能力。这些信息感知器已经被大规模嵌入到电网中，使局部范围内感知、传输与互动的“神经网络”已经形成。

电网中自动化、保护、通信、稳控、计量等在内的电网二次系统，通过数字化、智能化与网络化发展，已显现出初步的物联网“全息感知、泛在连接、开放共享、高度智能”的特征。电网二次系统需要采用物联网技术进行深化应用，其意义和作用在于将加速电网二次系统一体化，也将加速电力物联网的形成。因此，具有物联网特征的一体化电网二次系统，其实就是电力物联网的一部分。

对电力系统而言，一次系统是按互联建成的，二次系统一体化的建设将各类信息的感知技术、通信技术、计算机技术、自动化技术、人工智能技术加以集成应用，使得电力二次系统各个专业条块的信息实现相互立体的、全方位的融合连接，从而使电力系统形成一个具有物联网特征的电力二次系统，这就是电力物联网。

电力物联网应具有与物联网相同的特征：① 全息感知能力，需要电力系统设备间具备识别信息感知和通信能力，即接入电力物联网的物体必须具备信息感知识别与其他物体的通信能力；② 信息互联，依靠电力系统的通信网络，为物体（电力设备）提供互联互通的信息互联网络；③ 数据共享，指在电力物联网上利用智能技术对数据进行共享和管理，实现数据上下贯通，全方位实时交互；④ 控制智能化，即电力物联网将在整体上体现出自动化、自动反馈与控制的智能特点，从智能化角度看，电力物联网与智能电网没有本质不同。狭义的电力物联网是指保护、自动化、通信、电力调度等生产业务的二次系统范围。然而，广义的电力物联网除了包括生产业务的二次系统外，还包括电网企业的基建、物资、安全等广泛的非生产业务领域。

当前建设的电力物联网相比于成熟物联网还有较大的差距。特别是智能化作为智能电网的主要目标，现有电网二次系统信息感知能力不足，感知范围不够全面，信息的传输和交互都还在局部范围内试点应用，实现电力物联网所关注的高度智能目标还欠缺坚实的软、硬件物理基础。

为加快智能电网建设，应加深物联网技术在电网企业中的应用，从物联网的各层级来看：在感知层增加更多类型的采集终端，在网络层采用更加可靠灵活的通信，在平台层提供更多的共享平台服务，在应用层需利用大数据和AI技术产生更多丰富的应用。传统电力二次系统在各个层面都将加速融合，最终走向二次系统一体化，其实质是向电力物联网演进。

电力物联网的建成可以提高电网的高度智能化，这些智能化都将与全息感知、泛在连接、开放共享、高度智能的物联网特征高度契合。从总体来看，电网二次系统一体化建设方向与目标是趋向电力物联网[4]。

第2章

物联网架构与应用领域

2.1 物联网体系架构

业界通常对物联网体系架构划分为三层，即感知层、网络层和应用层。然而，也有部分行业为了自身业务发展的需要，在网络层与应用层之间构建平台层，专门提供业务服务能力的统一维护管理平台。编者参考众多物联网应用建设案例，并结合电网企业的物联网业务发展需求，通过分析、抽象和总结，建议电网企业采用四层物联网体系架构，即感知层、网络层、平台层和应用层。将感知设备的管理、接入控制、安全管理、协议转换、数据共享、大数据管理等功能统一抽离出来，形成统一的平台层，由平台层实现对终端接入、数据分析及信息安全的集中管理，再由应用层为各个应用场景提供专业业务服务。物联网四层体系架构如图2–1所示。

2.1.1 感知层

感知层是物联网的基础层，承载着信息传感、物品识别、图像获取、设备控制和部分数据预处理的功能，其特点是技术类型丰富、应用范围广泛、接入方式多样、数据格式各异、设备分布范围广、设备所处环境复杂、机电一体化等。感知层技术主要包括各类感应技术、射频识别（RFID）技术、二维码技术、定位技术、摄像头技术、嵌入式操作系统技术、通信模块技术、电源技术、防潮防腐技术、电气绝缘技术等。

感知层可分为感知控制和通信延伸。感知控制是利用传感器和采集设备对物品的属性、状态和环境等信息进行采集，并且可接收指令对设备运行状态进行控制。通信延伸是利用各种通信技术，将终端模块延伸到互联网，将物理实体接入网络层。

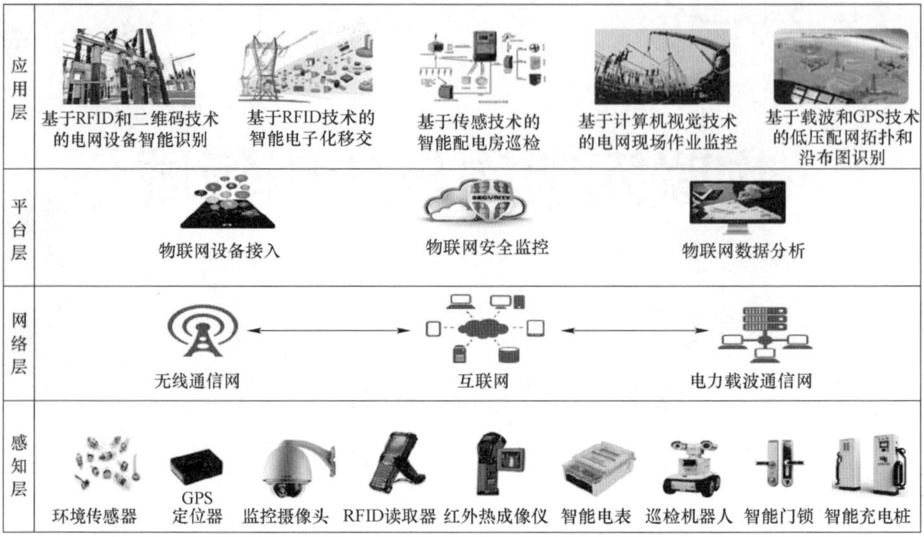

图 2－1　物联网四层体系架构

2.1.2　网络层

网络层是实现信息传递及控制的中枢，基于对数据的安全和数据传输的及时性、可靠性要求，数据采集后，通信基站会通过互联网实现信息的传递、控制及物品识别，通过开放性的计算机网络实现信息交换和共享，进而实现对物品的“透明”管理。其主要技术包括有线网、光纤网、3G 网络、4G 网络、5G 网络、LoRa 网、NB－IoT 网、Wi－Fi、蓝牙、载波技术、微波技术等。网络建设需要重点考虑网络稳定性、覆盖度、抗干扰能力、传输速度、数据丢包率和安全性等问题，确保建成一个高质量的物联网网络，可靠地支撑物联网应用。

2.1.3　平台层

平台层是实现物联网应用建设的统一支撑，能满足物联网应用建设通用的管理、安全、功能、性能的需求，有利于统一物联网应用的技术和简化物联网应用的建设。平台层主要实现感知设备管理、设备接入控制、安全管理、协议转换、数据共享、大数据管理和物联网运营管理等功能，这些功能通常采用微服务架构向应用层提供服务。

2.1.4　应用层

应用层涵盖了应用基础设施、支撑平台、中间件及各种物联网应用，通过信息数据的计算处理，实现企业管理的可观、可测、可控、可追溯、可考核，发挥物联网在企业生产、管理、运营工作中的高效作用，以提高企业效益。应用层以数据中心为基础，借助云计算、流计算、大数据、人工智能、移动应用、综合展示等技术，对物联网中的数据进行监控、挖掘、分析和存储，为数据综合利用和系统智能化管控提供支撑。对于企业用户而言，与企业业务紧密结合的物联网应用是技术应用价值所在[5]。

物联网构建起人与人、人与物、物与物之间的联系，通过信息交互实现不同层次的应用，按实现应用功能可划分为识别、监控、预警、告警、控制和互动。

（1）识别。通过设备感知物品和人的静态信息，如唯一标识、名称、类别、规格、技术参数、配置信息等，通过识别可将物体在信息世界中构建出一个数字化对象。

（2）监控。根据智能设备或感应终端反馈的数据，进行设备运行状态监控，其状态信息可以多样性，如温度、湿度、GPS 定位等，其监控对象可以是物品、人、自然环境等，通过监控可以实时采集被监控对象的信息。

（3）预警。对监控数据进行持续的采集与存储，通过一定的数据分析模型，对大量的、多种的监控数据进行智能分析，对物品运行状态的发展趋势进行预测。

（4）告警。对监控数据设定指标的告警阈值和规则，并进行持续的采集，当物品状态数据超过告警阈值时，及时向业务人员进行告警，保障事件能得到及时处理。

（5）控制。通过对物的预警和分析，得到业务决策结果后，可以通过物联网实现对被连接的物进行远程、智能控制，从而改变物品状态，保障物品正常运行。

（6）互动。物联网的物具有一定的人工智能后，能实现人与物、物与物的信息互动，实现高度的自动化、智能化的处理。

2.2　物联网技术架构

物联网在各层所采用的技术与每层的功能有关，除去具企业数据分析管理特点的平台层不论，就三层经典架构而言，物联网技术架构主要可分为应用层、通信层和感知层。物联网关键技术组成如图 2-2 所示。

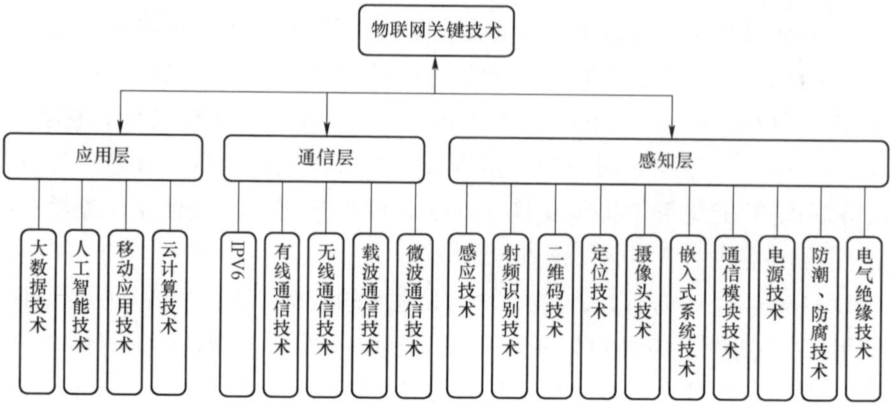

图 2－2　物联网关键技术组成

2.2.1　感知层的关键技术

感知层是物联网的基础层，实现信息传感、物品识别、图像获取、执行和控制的重要功能，其技术特点是关键技术类型丰富、应用范围广泛、灵活吸纳新技术。各关键技术的具体特点如下：

（1）感应技术。借助随机分布的集成有传感器、数据处理单元和通信单元的微小节点，通过自组织的方式构成的无线网络，借助于节点中内置的传感器测量周边环境中的热、红外线、声纳、雷达和地震波信号，从而探测包括温度、湿度、电压、电流、噪声、光强度、压力、土壤成分、移动物体的大小、速度和方向等众多的物质现象。

（2）射频识别（RFID）技术。是典型的非接触式通信技术，通过无线电信号识别特定目标并读写相关数据，而无须在系统与特定目标之间建立机械或光学接触实现识别的一种通信技术。RFID 系统一般由信号发射机、信号接收机、发射接收天线几部分组成。

（3）二维码技术。按一定规则在二维平面上生成的黑白相间的特定几何图形，图形含有相应的数据信息，即使用若干个与二进制一一对应的几何形状来表示文字和数字的信息，可以通过图像输入设备进行信息的自动输入和识别，以方便相应数据信息的自动处理。

（4）定位技术。是对物品三维空间地理位置的识别，包括物品所在的经度、纬度和高度，其中全球定位系统（如 GPS、北斗定位系统）测量技术能够准确与快速地提供经度、纬度、高度等参数的三维坐标信息，利用卫星通信技术具有全天候、高可靠、高精度等明显优点。

（5）摄像头技术。摄像头是一种视频与图像采集的输入设备，最常应用于远程图像监控和视频电话会议，通常可分为模拟摄像头与数字摄像头两类。数字摄像头可以直接将模拟视频转换成数字信号，然后将数据储存起来。模拟摄像头在采集到视频信号后，还需要经过专业的视频捕捉卡把模拟图像信号转换成数字格式，通常再加以压缩之后才进行传输、储存等后续处理。此外，还有红外线成像技术的摄像头，针对物体的红外线光波进行数据处理，其过程与上述常规摄像头相类似。

（6）嵌入式系统技术。嵌入式系统技术有别于个人计算机这种常见的通用系统，是一种完全嵌入式、执行特定应用功能任务的受控器件。嵌入式系统通常是针对某项预定义、特定功能的程序任务，要求嵌入受控部件的内部，因此，设计技术人员可以尽量对器件进行优化，以达到减小器件尺寸和降低制造成本。

（7）通信模块技术。物联网的“物”常常优先采用无线通信技术接入，是连接物联网感知层和网络层的常用关键技术，属于通信的底层技术，具有不可替代性，无线通信模块与物联网终端存在一一对应关系。无线通信模块按功能可分为通信模组和定位模组两类，并非全部的物联网终端都需要有定位功能，因此，通信模组在物联网的应用范围更广。

（8）电源技术。感应和通信模块都需要电能驱动，才能实现信息的数字化转换和通信。物联网终端设备可以通过电池、太阳能发电、风能发电、热能发电、电磁感应等方式获取电能，保证感应和通信模块正常运行。

（9）防潮、防腐技术。感知层设备所处的环境各种各样，因此感应器需要具备防潮、防腐的能力，确保感应设备不受恶劣环境影响。通过密封盒、物理干燥剂、电子芯片除湿等方式进行防潮，通过化学防腐、物理防腐、电化学防腐等方法进行防腐。

（10）电气绝缘技术。是指使用不导电的物质隔离带电体的技术。良好的电气绝缘是保证电气设备和线路安全运行的前提，更是保障人身免受触电事故危害的重要环节。实际应用中，固体绝缘效果最可靠，应用最广泛。

2.2.2　通信层的关键技术

通信层是实现物联网中数据传输，通过无线移动、有线通信或者临近的连接传送到平台层的过程，并通过无线通信网络把数据感知采集到应用层的信息系统，可以实现物体识别，进而通过网络层实现数据信息交换和共享，实现对物体的“透明”感知和管理。通信层采用的主要技术有：

（1）有线通信技术。有线通信技术采用的传输介质有光纤、双绞线和同轴电缆，通常所连接的计算机网络主要是局域网。同轴电缆组网较为经济，而且安装较为便利；但是传输速率和抗干扰能力一般，传输距离较短。双绞线组网经济性高，同时安装方便；但易受电磁等外界干扰，数据传输速率较低，传输距离相比同轴电缆要短。光纤传输距离长，组网传输速率高、损耗低，又具有质量轻、抗干扰性强等优点，而且不易受到外来非法的电子监听。

（2）无线通信技术。电磁波信号可以在自由空间中进行传播，无须经过导线、光纤、电缆的实体有线载体实现信息传输。无线通信技术便是利用这一特性实现通信的技术。物联网中物品要与人无障碍、移动式地交互信息，必然离不开高速、可进行大批量数据传输的无线通信网络。当前主流的无线通信网络包括蓝牙、Zigbee、NB－IoT、LoRa、GPRS、3G、4G、5G 等通信技术。

（3）微波通信技术。微波通信（microwave communication），是使用波长在 1mm～1m 之间的电磁波——微波进行的通信，所对应的频率范围为 300MHz～300GHz。微波通信是直接使用微波作为信号载体进行的通信，而且不需要固体介质，当通信两端直线距离内无障碍物时，使用微波传送十分便利。微波通信具有大容量、高质量、远距离传输的特点，是通信网络的一种重要通信手段，普遍应用于各种专用通信网络。

（4）IPV6 技术。IPV6 是国际互联网工程任务组（IETF）设计的第六代 IP 协议。IPV4 使用 32 位地址编码，应用至今，地址资源使用已达到饱和状态，使用 128 位地址编码的 IPV6 可有效解决地址资源分配短缺的问题，打破互联网发展的瓶颈状态。另外，IPV6 的应用还可帮助解决扫除物联网设备的身份识别问题。

2.2.2.1 5G通信技术的概述

无线通信技术作为物联网的核心关键技术之一，是实现万物互联的通信层的重要支撑技术。第 5 代移动通信技术（5th generation mobile networks，简称 5G 通信）具有“高速率、高容量、高可靠性、低时延、低能耗”的特点，将成为引领和支撑物联网技术创新、实现万物互联的关键技术[6]。物联网可以通过有线通信、无线通信和混合通信类型的通信网络进行互联。然而，最新发展的 5G 通信由于是具有独特优势的无线通信，有望在物联网中成为关键的支撑技术，将会加速物联网在各个行业中的应用。例如，在智能电网要求下的电力物联网建设，将为电网带来新一轮具有划时代的技术革命。

2.2.2.2　5G通信在电网中的应用技术特征

在电力网络的应用中发电、输电、变电、配电、用电和综合能源服务端，连接着数以亿计的电力设备，在建设电力物联网进程中对通信性能提出了更高的要求：高可靠性、高传输速率、高接入量、低时延和高安全性。当前正迅速兴起的 5G 通信技术具备支撑电力物联网建设及应用的要求。

（1）高可靠性。在电力网络运行的高可靠性需求下，5G 通信能支持高可靠性，可实现低于 0.001%的丢包率[7]，既拥有低频段的覆盖和可移动性优势，又具备高频段的高带宽和高速率优势。

（2）高传输速率。5G 通信速率包含峰值、区域和边缘速率三方面的指标，各项指标的性能比 4G 提高约 1000 倍以上。在电力物联网方面的典型应用有：生产域的现场作业监控、生产设备监测、巡视运维管理和规范化管理等；物资域的仓储管理、物资配送、物资运输的防盗监控等；基建域的电子化移交、施工进度监控等；营销域的计量、低压拓扑自动识别等。

（3）高接入量。5G 通信具有高密度的设备连接能力，能够连接海量设备，包括计量终端、智能电能表、各类传感单元、控制单元、视频终端、移动终端等，为实现电力物联网的万物互联提供了巨大的容量接入空间。

（4）低时延。5G 通信的端到端时延约为 4G 通信的 1/5，足以为电力物联网应用的协同控制提供有力支撑。在电力物联网方面的典型应用有电力运行控制、电力需求侧响应和配电网自动化等。

（5）高安全性。5G 通信具备两大安全优势：利用先进的加密算法和安全密钥对所有信令流量进行安全加固的功能；利用相互验证技术手段防止设备克隆和网络拦截的功能。在电力物联网方面的典型应用有计量终端数据采集、预付费表的控制和电网的运行控制等。

2.2.3　应用层的关键技术

2.2.3.1　物联网与云计算技术融合

（1）物联网与云计算的关系。物联网与云计算都是在互联网的基础上发展起来的技术，互联网是连接物联网与云计算的桥梁和纽带。从物联网的架构来看，云计算将是支撑物联网的核心技术之一。物联网连接了数不胜数的万事万物，依托云计算技术，物联网可实现对网络内各类信息的动态管理，结合人工智能技术，对物联网内数据的智能分析将逐渐成为现实。

物联网与云计算的融合，将通过专业应用的提升促进资源共享、人与物之间交互能力和业务发展、数据深度挖掘和信息利用价值等多方面相结合，带动整个行业的产业链和价值链的质的飞跃。物联网强调物物互联，设备终端与设备终端相连，设备终端依赖于网络的强大云计算能力，这必将极大地降低终端自身的结构与功能的复杂度。

（2）物联网融合云计算的应用价值。物联网设备和互联网交互必将产生大量的数据，此类数据的集中存储和处理，就可以与云计算结合在一起。依赖于云计算的部署，物联网不同终端子网采集的数据不需要独自部署一台后台服务器来接收，成本大大降低。

如果采用单点计算独立组网的方式，每个物联网组网站点均需要部署后台服务器，如图 2－3 所示。

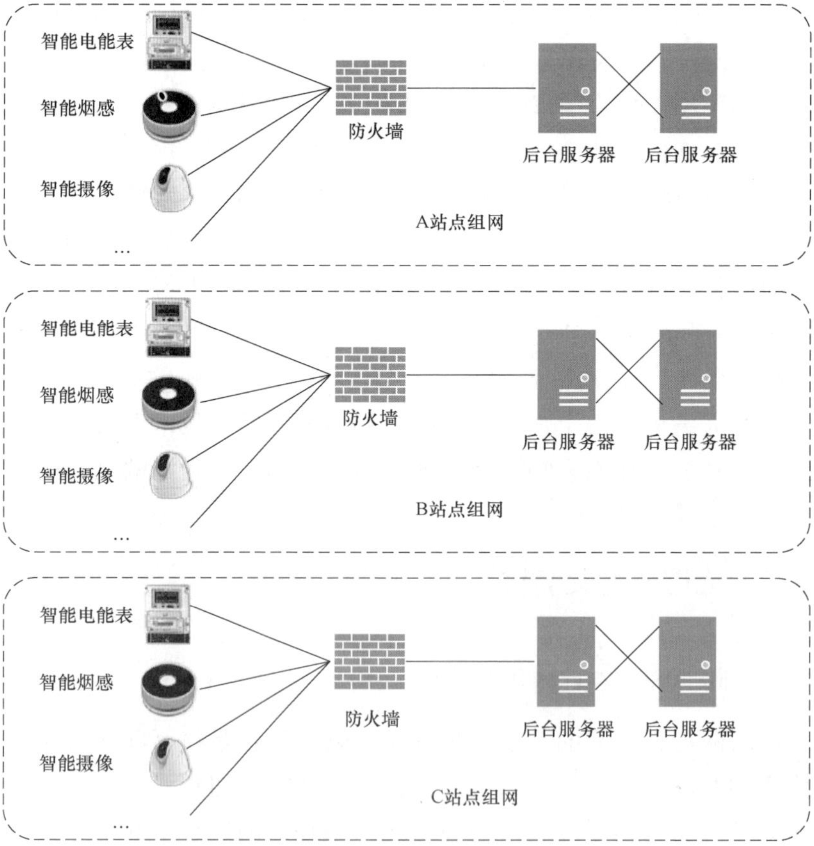

图 2－3　物联网单点独立组网方式

由图 2－3 可知，单点独立组网方式，站点 A、B 和 C 每个站点的计算资源及存储资源均为独立，降低了后台服务器资源的利用效率，并增加了组网成本。如果采用云计算集中资源池的部署方式，将会大幅度提高资源的利用率。物联网云计算集中组网方式如图 2－4 所示。

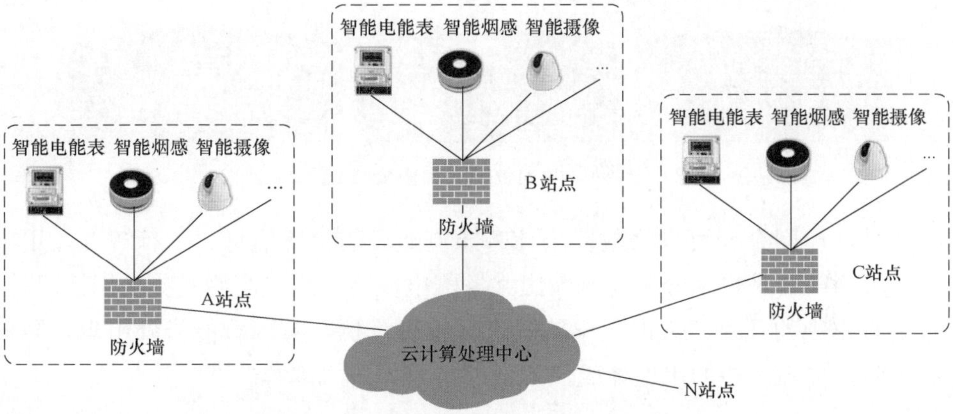

图 2－4　物联网云计算集中组网方式

2.2.3.2　物联网与大数据技术融合

（1）物联网与大数据的关系。物联网终端数据来源于现场，蕴含着大量不同维度的信息，其大数据属性体现为：① 各类物联网终端可以看作大数据的“准实时采集装置”，其所形成的大数据体量预期足够大。② 物联网终端采集的数据来自不同应用、不同现场、不同时间，也天然是不同的数据结构，提升了大数据维度的宽广度。这些数据由于来自同一个工业系统，因而在各个方面和层级，都隐藏着“秘密而复杂”的天然联系和规律信息，对外展示为丰富的色彩和维度。③ 物联网终端数据有一部分是典型的“小数据”，是以前不愿去采集，也无法采集的现场数据，现在被有效补充进来，数据的全面性和完备性得到了提升。

（2）物联网融合大数据的应用价值。物联网采集海量数据的最终目的是对数据进行深层次的分析利用，大数据技术便是实现该目的的强大技术工具。

如图 2－5 所示，基于物联网大数据分析企业用电与节能，可从企业耗电方面分析同类企业的用电能耗，可以基于用电大数据为企业制定个性化的节能方案和面向企业内部工作的用电建议。

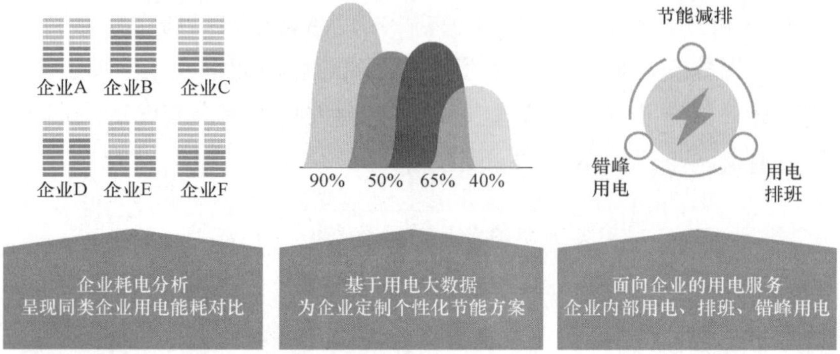

图 2－5　物联网大数据分析企业用电与节能

此外，电网企业可以将数以千计智能电能表的位置信息、运行情况、用电情况等数据综合采集和分析，判断出某条输电线路的用电高峰及其使用情况等，也可将城市中的几百万人的用电状况进行综合分析，实现智能错峰用电，降低用电风险，提高居民的用电体验，降低获得电力的成本等。

2.2.3.3　物联网与移动应用技术融合

（1）物联网与移动应用的关系。移动互联网覆盖范围及应用深度日益宽广，物联网技术发展也日新月异，两者结合，将真正实现物联网随时随地、无处不在。

（2）物联网融合移动应用的应用价值。移动终端将推动物联网应用场景的完善、扩展，并将带来物联网在移动终端侧更加广泛地延伸，整合相关产业链，带来物联网商业模式的创新变革。

2.2.3.4　物联网与人工智能技术融合

（1）物联网与人工智能的关系。人工智能（AI）的训练过程依托海量数据的持续供给才能进行，而物联网肩负了一个至关重要的任务——数据收集。物联网嵌入在各个设备中的传感器会不断地将新数据上传至云端，成为AI应用的基础生产资料。

AI 与物联网（IoT）“一体化”是近期被关注的问题热点之一。不久前，首批国家新一代人工智能开放创新平台名单公布，入选者分别是依托百度建设的“自动驾驶”、依托阿里云建设的“城市大脑”、依托腾讯建设的“医疗影像”，以及依托科大讯飞建设的“智能语音”国家新一代人工智能开放创新平台，这些平台的基础都在于物联网技术。AI 与物联网的结合，在业界也产生了智能物联网（AIoT）的提法。

（2）物联网融合人工智能的应用价值。深度学习的训练过程依靠物联网提供的海量数据才能进行，而物联网要实现准确特征辨识、异常及时发现及预测未来发展，人工智能是不可或缺的助力，两者相互融合、相辅相成，人工智能的应用是物联网发展的重要方向之一，随着两者的不断深入融合，大量的 AIoT 应用也将源源不断地问世。

AI 与 IoT 技术的结合，开启了智能物联网无限大的想象空间，也打开了人工智能在应用层面更多的可能性，在电网企业各业务领域有着广泛的需求及应用前景。

2.3 物联网组网

在技术层面上看，近两三年推动物联网发展的重要原因是低功耗通信手段的迅速发展，解决了过去构建物联网时遇到的设备耗能大、管理覆盖率范围小、可连接终端数量少等问题。这些通信手段包括短距离低功耗的 Zigbee、Z－Wave，长距离低功耗的 LoRa、NB－IoT 等，其中由于 LoRa 技术的覆盖范围广、可连接终端多、网络构建简单、设备价格低廉，以及其传输是使用 1GHz 以下（470～510MHz）的免费非授权频段，尤为得到网络建设商的青睐。

物联网组网通常采用三种方式组建。第一种方式是自行购买网络设备进行组网，这种方式的优势在于保证物联网应用通信私密性、数据安全性和应用灵活性高，对于电网企业来说，其不足是需要承担网络设备采购、铺设、管理、维护和运营成本。第二种方式是与物联网运营企业合作，通过专业分工和利益共享，由电网企业提供安装通信基站的地点、供电与高速网络，由物联网运营企业提供设备资源和网络建设、管理、维护和运营，并向电网企业和其他企业物联网应用提供接入服务。这种方式的优势在于电网企业不需要承担网络设备采购、铺设、管理、维护和运营成本，只需要将集中力量做好物联网应用作为主业服务。其不足是由第三方建设，网络调整的灵活性、网络的私密性与数据安全性需要进一步考察和加强管控。第三种方式是直接租用运营商的物联网服务，长远看这种方式的成本会逐年降低。

物联网组网架构具有一定的通用性，实际建设常采用一种典型的轻量级网络组网架构，在层级上可划分为传感终端、LoRa 网及物联网应用平台上的应用集成，如图 2-6 所示。

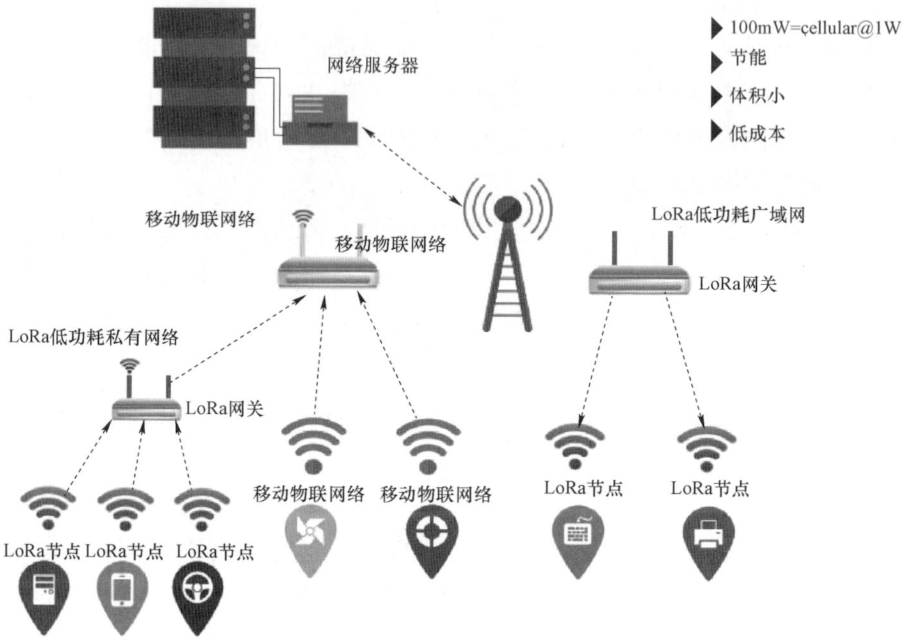

图 2-6　轻量级物联网组网架构

由于不同的物联网应用具有不同的通信要求，因此，物联网组网时需要考虑不同的应用情况，采取相应的组网方式。可将公有、私有网络结合使用，可采用 Wi-Fi、LoRa、NB-IoT、GRPS、3G、4G、5G 等不同通信方式，特别是 5G 时代即将到来，高速的无线通信网络为响应速度要求高、通信数据量大的应用提供可能。由于通信方式的迅速发展，在构建物联网组网架构时，应充分考虑各层级技术发展的兼容性，有效保护和延长投资收益期限[8]。

2.4　物联网应用领域

物联网将信息采集和处理延伸到了其他非 IT 设备的物品，包括所有人和物，因此物联网的应用前景将远远超过计算机、互联网、移动通信等应用技术。物联网的发展已被列为我国重点发展的战略性新兴产业之一，将要大力打造具有宽带、互联、安全的新一代国家级基础设施，加快物联网的建设和应用，国家在开展产业规划中指出了智能电网、智能交通、智能物流、智能家居、金融服务、工业 4.0、环境监测、国防军工八大物联网应用领域。

2.4.1 智能电网

智能电网是现代电网的发展目标，实现电力网络和现代通信网络深度结合，借鉴物联网建设架构体系和技术要求，通过采用最新的传感采集技术、信息处理技术、计算机技术、网络通信技术及人工智能辅助决策技术，实现电力供应的安全、可靠和经济，同时满足环境保护要求、保证电能质量、适应电力市场化发展等目标。其主要特征包括自愈、鲁棒性强壮，电能质量高，容纳多种发电形式接入，适应电力市场和资产高效利用等。

智能电网中将会广泛采用物联网组网技术，针对整个电力系统中的发电、输电、变电、配电和用电等各环节有效开展智能化处理，包括对电力系统运行状态的实时监控、电力设备故障的主动预警和故障自动处理，确保电力系统的整体安全可靠运行水平，评估可能导致的电网故障风险，确定电网需求巡检与抢修的范围和措施，然后运维部门根据控制和调度要求快速响应。当前智能电网建设的主要方面有电力设备的远程监测与控制、电力系统运行状态的全景展示和电网协调调度等应用。

2.4.2 智能交通

智能交通是人类未来交通系统的发展方向，它是将先进的信息技术、数据传输技术、电子传感技术、控制技术及计算机技术等有效地集成运用于整个地面交通管理系统，从而建立一种在大范围内、全方位和多维度发挥作用的综合交通运输管理系统，具有动态调整、信息准确、高效及时等特点。物联网技术应用于交通领域，可以使交通智能化。例如，司机可以通过车载信息智能终端享受全方位的综合服务，包括动态导航服务、位置服务、车辆保障服务、安全驾驶服务、娱乐服务、资讯服务等。通过交通信息采集，如车辆环境监控、汽车驾驶导航、不停车收费等，有利于提高道路利用率，改善不良驾驶习惯，减少车辆拥堵，实现节能减排，同时也有利于提高出行效率，促进和谐与安全交通的发展。

“车–路”信息系统一直是智能交通发展的重点领域。借助物联网技术，打造车联网已成为未来智慧城市的重要标志。车联网是指装载在车辆上的电子标签，通过无线射频等识别技术，在车辆管理信息平台上实现对所有车辆的属性信息，静、动态信息进行提取和有效利用，并根据各种用户的应用功能需求，对所有车辆的属性和运行状态，进行技术高效的监管和提供个性化的辅助决策服务。

2.4.3 智能物流

智能物流是一个面向未来的商品供应链，其特征有信息互联、全链条和智能化，通过条形码、RFID 标签、定位系统和商品管理系统，快速生成商品的寄方、收方、物流过程等信息。智能物流将传感技术与现有的互联网融合，通过准确、动态的物品与财务管理，实现物流的网络化、可视化、智能化，从而极大地提升物流的速度和效率，创造出更多的劳动价值，实现现代物流的两大目标——智能和高效。

国家产业规划中，明确将物流快递业作为未来物联网重点发展行业之一，因其行业特征被认为是最适合采用物联网技术的产业之一。

2.4.4 智能家居

智能家居是以住宅为单位，利用综合布线技术、网络通信技术、安全防范技术、自动控制技术、音频/视频技术等将家居生活有关的设施和设备集成，将家庭中的各种设备（如照明、环境控制、安防系统、网络系统、网络家电）通过家庭无线 Wi-Fi 网络连接到一起，构建高效的住宅设施与家庭日程事务的管理系统，提升家居安全性、便利性、舒适性、艺术性，并实现宜人宜居、环保节能的居住环境。

2.4.5 金融服务

物联网的诞生，把商业和金融业务延伸和扩展到了任何物品上，真正实现突破空间和时间束缚的信息采集、交换和通信，使商务活动的参与主体可以在任何时间和任何地点实时获取和采集商业信息，摆脱固定的设备和网络环境的束缚，如移动支付、移动购物、手机钱包、手机银行、电子机票等概念与事物层出不穷。另外，通过国家、省、市、县、乡镇的金融机构联网，国家建立一个各金融部门信息共享平台，可以有效遏制传统金融市场因缺乏有效监管而带来的风险蔓延，维护了国家经济安全和金融稳定。

2.4.6　工业 4.0

工业制造中以全息感知和智能化为特征的新技术推出和融合应用，使得当前由人类信息主导的互联网，趋向物与物互联信息主导的物联网转变。面向工业 4.0 的物联网技术是以全息感知为基础、以泛在网络为平台、以泛在服务为目标，通过提升生产过程的智能化和自动化信息处理技术，以满足生产高效与个性化产品定制要求，将是物联网十分关键的组成部分。因此，物联网在工业领域具有十分广阔的应用前景，冶金生产流程、石化炼制工业和汽车制造工业等将是物联网技术应用的重点领域。基于物联网的工业自动化将是人机和谐、智能制造系统发展的新历史阶段。

2.4.7　环境监测

环境安全是人类社会越来越关注的问题，利用物联网技术可以研制出高度智能化的安防系统，通过对环境的实时全息感知，对数据进行分析判断，从而实现精准定位和全面原因分析，实现由面到点的立体防范和重点治理；应用人工智能的人机互动功能，弥补传统安防系统的不足，切实保障人民生命和企业财产安全。

此外，利用物联网技术，可用于危险品的生产与运输监管、火灾预警与事故监控、气候灾害预警、平安城市建设等，还可以用于下水道的沙井盖、电力变压器等公共财产的定位与管理。

2.4.8　国防军工

物联网被国内外的许多军事专家称为“一个未探明储量的金矿”，蕴含着庞大的发展价值，可为军事变革深入发展提供新机遇。互联网初期问世便是为军事领域服务，对军事格局产生了巨大冲击，物联网作为互联网的延伸，其诞生对军事领域的意义相对于互联网是有过之而无不及的，不久将启动一场深刻的军事变革，使得军队建设、国防科研和作战形式产生全新的巨大变化。

物联网技术将贯穿于军事领域中的各个环节，从通信技侦系统到后勤保障系统，从军事科学试验到军事装备工程，对各个环节产生不同程度的影响。将物联网技术应用到国防建设中，可扩大作战的时空领域，将拓展作战空间的深度与广度，引发军事领域一场具有划时代意义的革命。

2.5 物联网技术在智能电网的应用

电网为现代社会提供最便捷、最多用户的电能，通常电网可分为发电环节、输电环节、变电环节、配电环节和用电环节。当前的电网正朝着智能电网方向建设，因此，物联网技术必将在智能电网的各个环节得到广泛应用。

（1）发电环节。通过引入物联网技术，以针对发电环节的电源结构和布局，可以快速协调电网中发电设备，从而提高电网调峰能力和系统运行的安全控制技术水平等。例如，采用物联网技术，可以研究水库水位的智能在线调度和用时预测，开发集水位实时监视与趋势预测、系统风险分析综合的水库水位调度系统。加快风能、太阳能等新能源发电并网接入技术和各电源的协调控制技术，研究制定新能源在并网接入和运行方面的规范，实现分布式新能源和传统电网的和谐共同发展。

（2）输电环节。结合物联网技术，输电环节中的变压器、输电线路、开关和杆塔等主要电网一次设备将全面提升感知能力，再融合自动化、调度、继电保护、安全稳定和通信网络等电力二次设备，实现数据采集、大数据处理和智能分析应用等功能，极大地提高输电环节的智能化程度。例如，可实现输电线路的智能状态监测，包括雷电定位和预警、输电线路气象监测与预警、输电线路的故障定位、绝缘子污秽监测与预警、杆塔状态在线监测与预警等。

（3）变电环节。应用物联网技术在智能变电站的一次与二次系统建设中，可对变电站的电力设备、运行状况、环境监测等实现全面监控，进一步开发智能变电站与输电环节、用电环节的物联网数据接口，从而把智能变电站打造成为智能电网下的电力物联网重要组成部分。例如，实现智能变电站的全景状态监控、故障预警与快速安全恢复、智能辅助决策等功能。

（4）配电环节。可应用物联网技术中的身份识别、电子标签于配电环节的电子工作票应用、环境监测、远程视频监控等方面。例如，在配电网巡检的现场作业中，应用快速掌握工作设备状态、匹配工作流程和记录操作过程全电子化等功能，从而降低误操作风险与防范安全隐患，实现巡检调度中心和现场作业人员的互动和协作。在配电网的运行调度与运维方面，采用物联网技术应用于配电环节，可以实现配电网的运行状态监测、设备状态的评价与故障预警、日常巡检和故障抢修等方面发挥至关重要的大数据、智能化的基础支撑。

（5）用电环节。应用物联网技术于用电环节，重点是建立智能用电服务，通过将感知单元广泛应用于用电信息采集，从而进行数据汇总与分析，增强电网与用户互动，建设智能用电信息管理系统。例如，智能用电信息管理系统除可以给用户提供增值服务外，还可以建立智能用电、智能家居的物联网接入标准体系，实现基于物联网的家庭、企业的能效监测与管理系统；也可扩展至电动汽车与充电设施的联网运营，实现电动汽车和充电桩的统一管理。

在电网企业中，资产管理是物联网技术的一个重要应用领域，它贯穿于电网的所有环节。基于电网企业的管理业务，通过应用物联网技术，可实现电力资产数据的现场采集，把巡检工作与资产清点相结合，从而有效提高电网的资产管理水平。资产管理是电网企业管理中的重要组成部分，电网企业典型管理框架如图 2－7 所示。

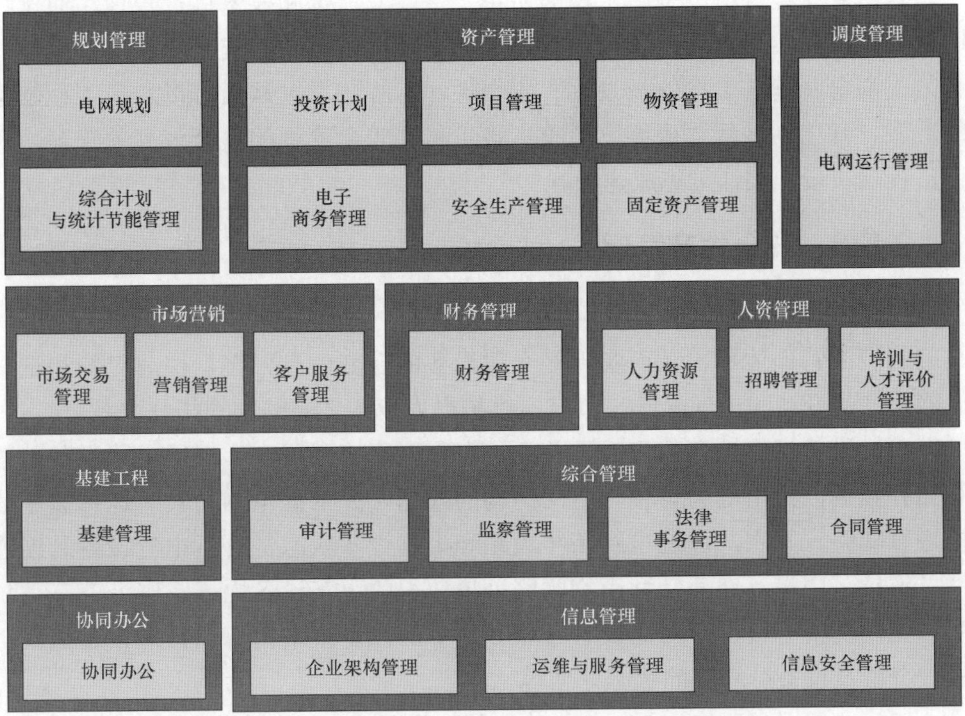

图 2－7　电网企业典型管理框架

2.5.1　物资管理

物资管理主要包括供应商管理、需求管理、采购管理、合同管理、品质控制管理、仓库管理、配送管理、储备管理、闲置物资管理和报废物资管理。物联网技术应用的主要物资管理业务有：

（1）可以应用于仓库管理的出入库操作，通过 RFID 进行批量登记、仓储监管、库存盘点等操作，可以大大提高仓库管理的工作效率。

（2）应用于配送管理的环境监测、物品跟踪、防盗等业务，可提高物资配送过程中的透明度和安全性。

（3）应用于闲置设备的识别和封存环境的监测，提高设备闲置管理的效率，确保设备有效封存。

（4）应用于报废设备的处置监测，跟踪有害物资的运输和处理情况。

2.5.2 基建管理

基建管理是对电网基建工程的质量、进度、造价和技术进行管理，通过物联网技术可以实现施工现场人员管理、施工环境监测、工程质量监测等工作，有效提高电网基建工作的规划性、安全性和工程质量，从而可以实现工程基建的准备、开工、过程、调整、验收、竣工移交等全流程的安全与高效管理，保证工程高质量、按计划完成建设。

2.5.3 安全生产管理

现代电网中电力资产数量巨大、种类繁多，借助物联网技术可以建立高效、准确的资产管理体系，从而实现对企业设备的台账信息归档，快速更新和记录电网资产的变动和出现异常等情况，维护电力设备之间的物理拓扑关系。

（1）设备可靠性评估方面。首先，在物联网应用层中，根据电网设备参数和拓扑数据，给出电力设备与电网结构的模型，并依据电网的实时运行监控数据进行调整。其次，通过电网拓扑关系和电气设备状态，分析电气设备的连通性、巡检范围等。然后，利用物联网采集获得的电气设备电压、电流、有功功率与无功功率等数据，对比设备台账参数中的额定技术指标，开展设备重载、过载分析及设备可靠度的状态评估等。

（2）电网巡维工作方面。作为物联网的重要终端设备，智能手持移动设备，如个人数字助理（PDA）、平板电脑、智能手机等，可为运行检查人员提供远程信息即时交互功能。例如，在巡视过程中，技术人员发现电力设备缺陷时，可通过手持移动终端设备直接选择设备，登记设备缺陷，上传、下载巡视记录等。

2.5.4 电力营销管理

电力营销计量业务主要依靠高级计量体系（AMI）。该体系架构是以智能电能表为电力计量终端，通过信息网络来支撑电力营销计量数据和双向通信的专用业务平台。应用物联网技术于电力营销业务，通过监测电力客户的全面用电数据信息，可实现远程测量客户端、电网关口和公用配电变压器等的功率和电能信息，为电力电量的计量提供整体管控。例如，根据不同业务需求，营销管理系统应用统一数据存储管理技术，数据中心对各种电力量测数据进行分类存储，并对用电事件开展统一管理，因此，数据中心将是电力其他业务系统的数据提供者，是实现深度智能分析和高级应用的坚实基础。

未来智能家居是智能电网的一个组成部分，利用物联网技术，营销系统通过互联网将家居中的电气设备和控制终端互联，用户利用联网的 PC 计算机，甚至手机 APP 对家居的用电情况及时查看和进行历史曲线分析，遥控家中的电气设备运行以错峰用电，从而实现家庭节约电能、减少电费支出、响应需求侧调度等目标。例如，用户可根据用电的历史曲线与分时电价政策设定家电的用电策略，针对不同家电使用功能和用电需求进行运行方式优化，达到节约用电的目的；可利用基于物联网的智能家居管理系统，为用户提供个性化的用电节能咨询和用电指导等增值服务。

分布式发电与储能管理将是依靠物联网支撑的又一重要智能用电业务。分布式发电与储能管理主要是利用系统主站通过通信网络监测与控制感知单元、监控终端和电力电子逆变器等电气设备，基于各电力设备的电参量与系统运行状态量，实现对分布式发电与储能装置的并网接入控制、电能质量实时监测、协调优化控制等能源管理功能。电动汽车是未来接入物联网的重要终端之一，可以看作具有储能特性的移动负载，物联网可通过车载传感器和 5G 通信网络，实时获得电池及电动汽车的行驶数据，根据汽车使用要求预测更换电池的需求。此外，管理系统也可以同时支持电能计量、购电交易、行驶管理、环境监测、安全提示和充电桩管理等扩展功能。

第 3 章

生产域物联网应用

3.1 应 用 蓝 图

基于电网企业生产域的实际业务应用需求，并结合国内外物联网技术的成功应用案例，对电网企业生产域共设计 16 个物联网应用场景，组成电网企业生产域的物联网应用蓝图，如图 3－1 所示。

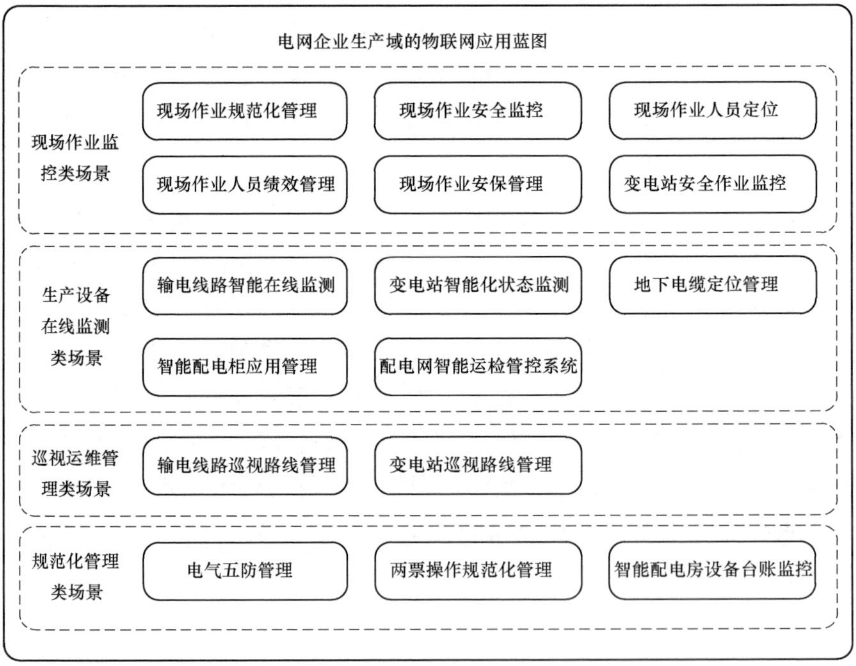

图 3－1　电网企业生产域的物联网应用蓝图

从应用蓝图可以看出，物联网在电网企业生产域的应用，主要归纳为以下四大类别的应用场景：

（1）现场作业监控类场景。该类别包含的应用场景有现场作业规范化管理、现场作业安全监控、现场作业人员定位、现场作业人员绩效管理、现场作业安保管理、变电站安全作业监控共6大场景。

现场作业监控类场景主要通过RFID身份卡、视频采集器、电子围栏等物联网终端的组网方式，实现对作业人员的安全管理及绩效管理等。在电网企业的建设初期，可以根据实际的应用场景需求针对具体的场景进行单一组网建设，中后期可通过各现场作业监控类场景的混合组网，形成整体的组网场景，节约投资。

（2）生产设备在线监测类场景。该类别包含的应用场景有输电线路智能在线监测、变电站智能化状态监测、地下电缆定位管理、智能配电柜应用管理、配电网智能运检管控系统共5大场景。

生产设备在线监测类场景主要通过设备监测传感器实现对变电站、输电线路、配电房等生产设备状态数据的采集与分析，电网企业可以根据实际的生产需求选择合适的组网场景。

（3）巡视运维管理类场景。该类别包含的应用场景有输电线路巡视路线管理、变电站巡视路线管理共2大场景。

巡视运维管理类场景主要通过RFID标签、PDA终端或巡检机器人等物联网智能传感技术，实现对输电线路或变电站的巡检运维管理。

（4）规范化管理类场景。该类别包含的应用场景有电气五防管理、两票操作规范化管理、智能配电房设备台账监控共3大场景。

规范化管理类场景主要通过物联网技术对电网企业的规范化管理提供技术手段支撑，电网企业可以根据实际的业务需求选择合适的组网场景。

本书后续内容将从应用点需求及应用点设计进行具体展开，其中对于重点应用点，将详细设计应用点的应用操作步骤、硬件网络需求和系统功能需求。

3.2　现场作业监控类场景

3.2.1　现场作业规范化管理

3.2.1.1　应用需求分析

随着电力作业项目的增多、作业区域的扩大及运检人数的增加，生产作业的规范化管理亟待加强，生产作业急需通过先进的技术手段进行规范化管理，同时达到对生产作业操作的实时监控，并以此作为考核的基础。业务面临的痛点主要归纳如下：

（1）由于生产现场分布较散，现场作业的执行标准一般由操作人员自我约束并由上级单位监督抽查的方式进行，操作人员主要依据记录作业表单的方式进行规范化操作控制，主要以结果监控为主，无法做到实时过程监控，作业人员存在不按标准操作或执行不到位的情况，往往缺乏电子化、智能化的监控手段。因此，需加强生产现场作业过程的规范化管理。

（2）在现场作业过程中，作业人员一般凭借自身经验及知识进行操作，作业过程缺乏有针对性的规范化指导，特别是对于作业过程中的风险管控点缺乏有效的提醒。因此，应加强作业现场的规范化指导及现场风险点的管控。

（3）在生产作业的事后分析管控中，对于作业中的不规范操作缺乏系统的汇总与分析、缺少对不规范操作的反馈，作业人员缺少有针对性的培训与指导，可能造成某些不规范操作重复发生。因此，应加强不规范操作的分析。

（4）现场对生产作业人员的作业规范化评估主要基于作业记录表单及抽检情况，而作业记录表单的管控精度较粗，对于作业过程的规范化监控措施较少。因此，需细化作业人员作业管控精度，将作业执行情况与考核指标关联。

3.2.1.2 应用设计思路

应用物联网技术对生产作业进行规范化管理，可以通过 RFID 技术将作业人员和设备进行标识，便于进行生产作业的监控；通过 PDA 及通信网络实现信息交流、解决作业规范化中的相关问题；通过视频监控和人工智能技术，实现作业过程远程监控和违规作业的自动识别。现场作业规范化管理场景架构如图 3－2 所示。

物联网技术应用于作业规范化管理的整体框架，包括感知层、网络层和应用层。感知层采用有源 RFID、无源 RFID、条形码、二维码及有读取功能的 PDA、智能手机，员工卡内含储存有员工信息的有源 RFID 标签，在作业设备上粘贴储存有设备信息的无源 RFID 标签或条形码，作业人员使用手持式 PDA 和智能手机可读取设备及员工的 RFID 标签和条形码信息，并录入人员作业记录等生产现场作业情况；在网络层，由 PDA 将获得的数据通过作业场所的无线局域网传给站内路由器再经由专网上传至应用服务器，或直接通过移动通信网络上传至服务器（对于作业场所无网络的情况，作业结束后用工作计算机通过专网上传至服务器）；在应用层，应用服务器获取 PDA 上传的数据，监控作业执行情况。

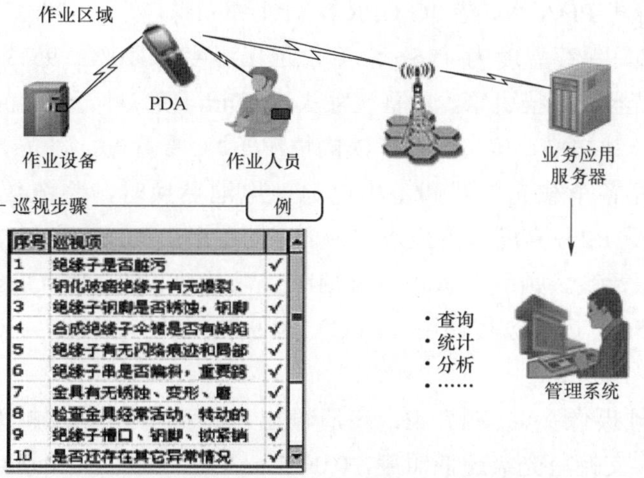

图 3－2　现场作业规范化管理场景架构

物联网技术在现场作业规范化管理中的主要应用包括：

（1）PDA 读取设备 RFID 标签中的相关信息，通过应用系统查找作业计划及作业流程，作业人员据此进行作业，并将操作情况实时上报，达到对作业人员操作过程的规范化管理及实时监控。

（2）PDA 提供作业指导与提醒功能，当作业进行到某一步，而作业人员对其具体操作把握不准时，可通过 PDA 即时查看作业指导手册。此外，PDA 对作业风险管控点自动提醒。

（3）通过对作业人员的操作记录进行统计与作业分析，发现作业人员的作业规律、常见不规范操作等，便于对作业人员进行有针对性的作业指导与培训，加强规范、优化相关流程。

（4）通过将作业人员的作业情况实时记录，并上传至服务器，据此对作业人员的作业规范性进行统计，并将其与相关考核指标关联，为作业规范性考核提供依据。

（5）通过视频监控记录作业过程，并实时进行分析，自动识别违规操作，实现规范化作业监控。

3.2.1.3 感知层硬件需求

感知层硬件需求主要包括手持式 PDA 和无源标签（包括员工 ID 卡和设备实物标签），其主要硬件参数如下：

（1）手持式 PDA。支持 3G/GPRS，上行/下行速度为 1000kbit/s，工作温度为－20～50℃，保存温度为－25～55℃，工作湿度为 10%～95%（非冷凝）；内置条形码扫描器或扫描引擎，屏幕尺寸大于 10in，质量小于 1000g，续航时间大于 5h（在每分钟扫描、信息收发 5 次的情况下）；带背光，强光下可见；具备可扩展卡槽；配备车载充电器和备用电池；电池更换时，系统数据备份可保持 20min；可承受 1.2m 高度跌落至水泥地面；支持串口/UBS 调试，方便二次开发。

（2）无源标签。频率为 860～960MHz，芯片协议为 EPC Class－2 Gen2，读写距离最远 5m；远程过程调用（RPC）为 96B；工作温度为－30～85℃，保存温度为－40～150℃。

（3）视频摄像头。支持 4K 高清输出，最高分辨率及帧率可达 3840×2160@30fps；支持星光级超低照度，0.002Lux/F1.5（彩色）、0.0002Lux/F1.5（黑白）、0 Lux with IR；支持 37 倍光学变倍，16 倍数字变倍；采用高效红外阵列，低功耗，照射距离达 200m；支持数字宽动态、3D 数字降噪、强光抑制、电子防抖、SmartIR；支持定时抓图与事件抓图功能；内置光模块，支持 FC 光纤接口与以太网接口输出；支持最大 256G 的 Micro SD/SDHC/SDXC 卡存储。

3.2.1.4 网络层网络需求

作业规范化管理的网络层结构为作业场所覆盖无线局域网或移动通信网络。对于无线局域网，PDA 通过无线局域网与无线网络终端连接，无线网络终端通过内网与后台应用服务器连接；对于移动通信网络，PDA 直接通过移动通信网络与应用服务器连接；对于无网络的作业场所，作业结束后通过工作计算机由内网与后台应用服务器连接。

在作业规范化管理过程中要求作业场所的无线局域网或移动通信网络通信范围能覆盖整个作业场所，传输速率能支持作业场所内所有读卡器同时与系统终端间进行数据传输，支持无线局域网络标准 IEEE 802（对于无线局域网），支持常见的网络传输协议（协议）；作业场所终端与应用服务器间基于已有内网进行通信。

3.2.1.5　应用层功能需求

将物联网技术应用于作业规范化管理，将极大地提升生产作业规范化管理的效率，主要有如下功能需求：

（1）作业流程规范化控制及实时监控。进入现场前，作业人员刷员工 RFID 卡，将某段时间内的作业计划下载至 PDA。作业人员到达现场后用 PDA 读取设备 RFID 标签，系统自动筛选出该设备相关的“作业列表”，作业人员确认后系统显示其“作业内容”及“作业标准”，作业人员据此进行操作，并在作业各流程的“操作结果”处单击已有选项进行确认或自行输入操作结果。系统将操作结果与操作标准结果匹配，评估结果的规范性，符合规范则提示进入下一步骤；反之，则在系统内记录该异常，同时根据该项作业的重要性判定该异常是否允许，若不能允许则发出警告，显示“操作错误！”，强制其重新操作直至结果规范化，才能进入下一步骤；若误差属允许范围内则发出警告，显示“警告，是否继续操作？”，作业人员更正操作或直接按“确认”按钮，则 PDA 显示进入下一步骤。由此直至作业任务完成。对于配有实时网络通信设备的作业场所，现场作业人员将操作结果实时上传至服务器，管理人员可通过系统实时查看现场作业人员操作步骤，并针对操作中的问题提供远程指导。

（2）作业规范化指导与风险管控点提醒功能。作业过程中，当作业进行到某一步，而作业人员对具体操作把握不准时，可通过单击 PDA 上“查看该步骤作业详细标准”按钮，查看详细作业手册，以获得有针对性的指导；管理人员对重点作业进行分析，将作业中出错率较高或重要性高的步骤定义为风险管控点，当作业人员操作行进到该步骤时，PDA 显示“管控点，需注意”，突出显示该步骤的重要事项，并通过该操作项的“更多”按钮，查看该风险管控点的详情。

（3）作业规范化操作分析与反馈。系统每个月对作业人员的当月操作记录进行统计，分别以“作业类型”“作业项目”“作业地点”“作业时间”“作业人员”“作业班组”等字段筛选出当月“错误”和“警告”等异常出现频次最高的前 10 项。管理人员对这些项目进行分析与排查，总结作业人员常见不规范操作中存在的问题，并有针对性地提出规范化操作建议，于 3 日内录入系统，并选择将要发布的信息内容。系统发布当月作业异常累计前 10 项的作业类型、作业项目等及其相应的规范化操作建议，提醒加强这类作业的规范化培训，同时管理人员对重点作业人员或班组进行作业规范化的重点监控。

（4）作业关联考核。生产作业结束后，作业人员将作业操作结果上传至服务器，系统将其与作业规范化考核指标关联，如“错误”次数、“警告”次数等信息，对作业人员的作业规范化进行考核。

3.2.2 现场作业安全监控

3.2.2.1 应用需求分析

生产安全是电网企业稳定发展的基础，电网生产如出现波动或者安全一旦失控，会造成安全事故，将给国家、企业、个人和家庭造成不可挽回的损失。

电网企业施工现场安全作业监控是指对电力作业中的相关人员、活动范围、施工行为等进行监测与控制，目的是保证生产的安全与稳定运行。一旦发现问题便及时报警或自动采取相应措施。

原有的生产作业保证手段往往是通过人工核查、制度保证、培训教育等比较固化的手段进行，一般都缺乏安全可靠的电子化监控系统。而针对此现状，可以通过物联网技术形成一体化的施工现场安全作业监控管理，如施工现场环境安全监测、施工人员权限认证、作业过程安全预警及作业事故追责等闭环管理。

3.2.2.2 应用设计思路

该场景是针对生产作业环境可监控、可视化打造的高效、智能、可靠的解决方案。系统平台的数据采集信息来源主要有作业人员 RFID 卡、人员人脸识别、人员指纹识别、设备/设施 RFID 卡等。系统支持的功能包括基础信息管理、报表统计分析、考勤考核、多方监测控制、安全预警、事故责任。支持手机 APP 端、PDA 端及 PC 端同时呈现及多方协同，支持语音外呼、短信等方式的安全预警提醒。施工现场作业安全监控场景架构如图 3－3 所示。

3.2.2.3 感知层硬件需求

该场景需要为作业人员配置 RFID 身份卡、物联网摄像头、现场环境采集传感器（如漏电监测、气体监测、温/湿度监测等）。

（1）RFID 身份卡。主要用于对现场作业人员的身份验证、考勤验证等，并可结合指纹识别设备对人员身份进行多重安全验证。

（2）物联网摄像头。主要对现场作业人员的人像采集及作业过程图像进行采集，用于人脸识别及作业过程全程存档，以便于后续调看视频。

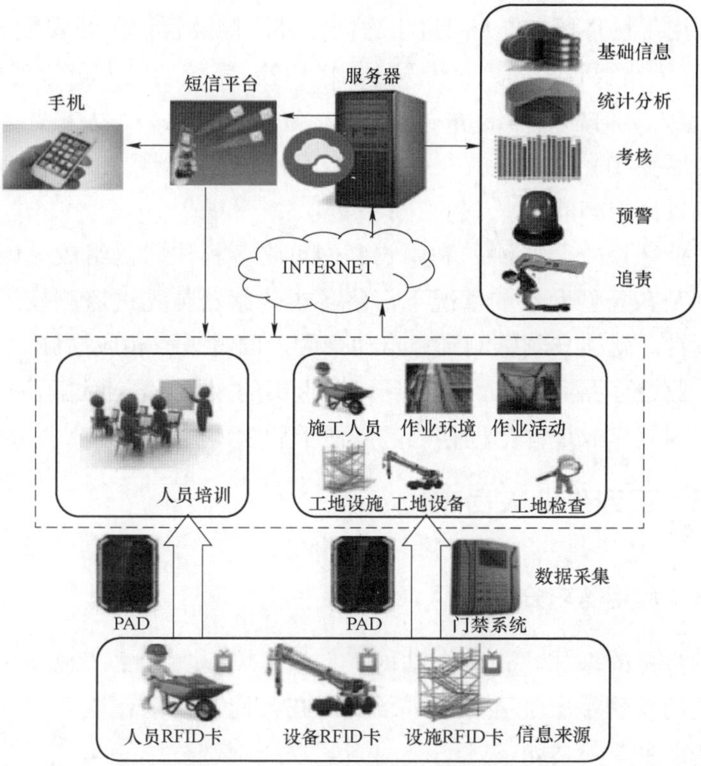

图3-3 施工现场作业安全监控场景架构

（3）现场环境采集传感器。主要用于对现场作业的安全监测，保证作业人员的人身安全，如检测现场是否存在漏电现场、是否存在有害气体泄漏及现场温/湿度是否会对作业人员健康造成危害等。

3.2.2.4 网络层网络需求

该场景主要利用RFID的近场传输技术、物联网传感器的NB-IoT无线传输技术等，需要具备NB-IoT网络的传输环境。

3.2.2.5 应用层功能需求

该场景可实现的应用主要有以下几个方面：

（1）人员身份验证。基于RFID实现电网现场作业人员身份验证管理，能够让员工免刷卡进出工地门禁考勤，方便管理人员准确了解现场的作业人员，杜绝外来闲杂人员，保证作业安全。

根据应用现场环境，在大门进出方向内外两侧及管控区域安装 RFID 阅读器或激励天线。为需要管控的人员配发 RFID 标签，系统通过人员管理功能将 RFID 标签 ID 绑定人员信息（即给每个人绑定标签号，将姓名、人员类型、部门、联系方式等与标签 ID 关联并录入系统数据库），标签携带方式灵活，可置于随身箱包、口袋或挂于胸前。

（2）作业环境安全监测。利用物联网可将各种传感器组成无所不在的监控网络，特别是在条件允许的情况下，将各类传感器与先进监测技术结合，一旦任何指标超常，就能立刻感测到并自动报警，同时采取相应措施。

（3）作业过程图像采集。对现场作业人员的人像及作业过程图像进行采集，用于人脸识别及作业过程全程存档，以便于后续调看视频。

3.2.3 现场作业人员定位

3.2.3.1 应用需求分析

变电站数量的增加，使变电站内工作量急剧增加，生产现场的管理力度急需通过先进的管理手段加强生产现场到（在）岗、现场作业等工作的管理。业务面临的痛点主要归纳如下：

（1）作业人员远在变电站的生产现场，到岗情况多数由变电站自行管理上级单位监督抽查的方式进行，容易造成管理松散，现场作业人员到岗率低等情况。因此，需加强作业人员的作业现场管理，实时反映作业人员在岗情况。

（2）变电站内存在大量的计划性作业，如定期巡视等，该项作业的执行过程由变电站自行控制上级单位监督抽查的方式进行，容易造成作业执行不到位的情况。因此，需对作业计划的执行情况加强监控。

（3）对于有意进入者而言，变电站内防护围栏的防护作用不明显，需对高风险作业区域加强监控，在风险管理中加强人员活动区域管理，对人员违反安全规范的误入情况进行记录、提醒及报警。

（4）由于现存的管理技术手段未与生产一线具体工作较好地结合，因此对变电站一线单位人员的工作绩效评估多基于基层领导的评价，若掌握基层人员日常工作将其与人员出勤率、安全绩效评估等绩效考核指标关联将大大提高考核的准确性，同时也避免人为干扰，考核结果更具说服力。

（5）在变电站现场发生意外事故等情况时，对人员的搜寻与定位有一定难度，需在人员搜救时精确人员定位，加快人员搜索，为抢救赢得时间。

3.2.3.2　应用设计思路

物联网技术应用于现场作业人员定位，一方面通过软、硬件技术实现人员准确定位；另一方面应用定位技术解决生产业务问题。现场作业人员定位场景架构如图 3－4 所示。

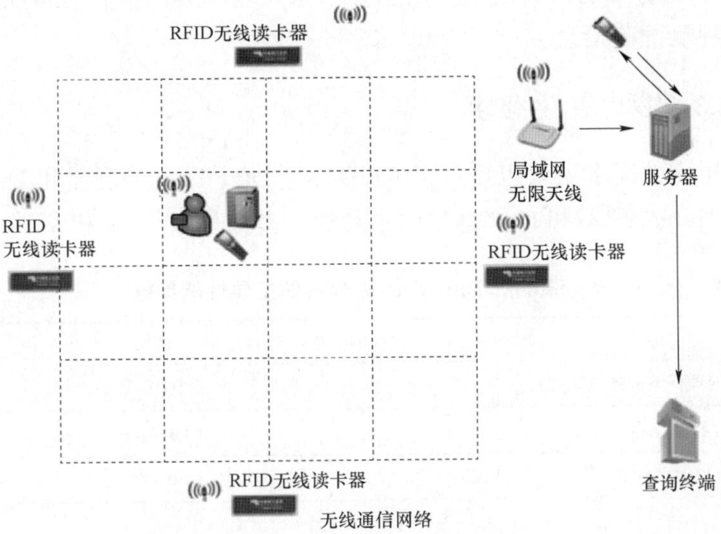

图 3－4　现场作业人员定位场景架构

在物联网技术应用于现场作业人员定位技术的整体框架包括感知层、网络层和应用层。感知层采用有源 RFID 及有源读卡器，将有源读卡器按一定位置排列放置于变电站内的固定位置，组成定位单元，现场作业人员佩戴有源 RFID 标签进入变电站生产现场，有源读卡器分别测定与作业人员的距离；在网络层，有源读卡器所获得的参数通过变电站内局域网传给站内路由器，并通过专网传输给应用服务器；在应用层，由应用服务器基于定位算法准确地计算出作业人员的具体位置坐标，结合预先内置的变电站位置坐标在变电站电子地图中标注，以实现变电站内作业人员定位。

物联网技术在现场作业人员定位中的主要应用包括：

（1）系统根据作业人员 RFID 标签中的人员 ID 信息，查找出该作业人员作业计划中的作业场所信息，其中作业场所信息的范围根据《中国南方电网有限责任公司电力安全工作规程》的要求设定，并且考虑人的臂展长度，在安全距离基础上加 1.5m 作为计划区域设定的基准，如作业人员进入计划外区域，则进行告警并记录，针对作业环境设定危险区域；同样危险区域的设定在《中国南方电网有限责任公司电力安全工作规程》危险区域的设定基础上加 1.5m，若违反距离规范则进行危险告警并报上级领导。

（2）基于定位的人员考勤及安全规范的员工绩效考核。

（3）作业计划与定位技术的结合，实现对生产现场作业的跟踪。

（4）如现场作业人员发生安全意外，系统能精确判断作业人员的位置，为安全应急提供准确信息。

3.2.3.3 感知层硬件需求

感知层硬件需求主要包括员工 RFID 卡、Dart Hub 处理器和 Dart 基站。某品牌 Dart Hub 处理器和 Dart 基站的主要性能参数见表 3－1 和表 3－2。

表 3－1　某品牌 Dart Hub 处理器的主要性能参数

性能参数	
每台处理器处理标签的能力（个/s）	3500
每台处理器标签容量（个）	10 000
定位精度（cm）	30
环境/物理特性	
工作温度（℃）	10～50
长度（cm）	35.6
宽度（cm）	22.9
高度（cm）	8.9
质量（kg）	1.64
电源	直流 100～240V，50/60Hz，2.5A 超过 64 个基站需要提供外置电源
有线通信接口	
网络	以太网/5e 屏蔽双绞电缆
标准认证	
北美	FCC part 15 subpart B，ICES－003，UL60950－1，CAN/CSA－22.2 No. 60950－1－07
欧盟	CE，EN55024，EN55022，IEC 60950－1

表 3－2　　　　　　　　　**Dart 基站（Sensor）的参数特性**

Sensors	高增益	中增益	全向	ATEX 防爆外壳
性能				
频率范围（GHz）	6.35～6.75			
天线增益	14dBi	7.5 dBi	4.5 dBi	n/a
环境/物理特性				
工作温度（℃）	－40～70			
环境等级	IP40			IP66
长度（cm）	15.5	15.5	25.4	34.0
宽度（cm）	6.4	6.4	6.4	31.8
高度（cm）	7.1	7.1	7.1	15.7
质量（kg）	0.45	0.45	0.54	17.2
电源（V）	直流 20～48 （24mA，直流 48V）			
电源线/有线通信接口				
电源/时钟/数据	5e 类屏蔽双绞电缆			
标准认证				
北美	FCC part 15 subpart B，ICES－003，UL60950－1，CAN/CSA－22.2 No. 60950－1－07			
欧盟	CE，EN55024，EN55022，IEC 60950－1			

3.2.3.4　网络层网络需求

现场作业人员定位在网络层由于需要对作业范围内的作业人员进行精确定位，因此推荐使用在数据传输延迟性方面表现更好的有线局域网（LAN）。

3.2.3.5　应用层功能需求

为加强作业人员的作业现场管理，实时反映作业人员在岗情况，因此将物联网应用于现场作业人员定位与员工出勤考核系统集成，在上下班时通过刷内嵌有源 RFID 标签的工牌记录上班时间、下班时间，并与变电站规定的轮班时间进行比较。若上班时间晚于规定上班时间则记录一次晚到，若下班时间早于规定下班时间则记录一次早退。在上班时间段若有源 RFID 记录连续超过 1h 不在作业场所则提示变电站站长，并可通过作业人员在变电站内采用 RFID 所定位的位置坐标结合变电站内各设备及建筑物坐标实时检查作业人员在岗情况。

为对变电站内作业计划的执行情况加强监控，因此将物联网应用于现场作业人员定位与安全生产管理信息系统集成，将手持式 PDA 正在执行的作业与现场作业定位结合，当采用 PDA 在现场填写作业表单时，对比作业人员位置坐标与设备坐标，坐标间距离超过 50m 则告警提示，以此加强计划作业按时执行。

3.2.4 现场作业人员绩效管理

3.2.4.1 应用需求分析

电力生产现场作业范围大、涉及的作业种类及人员众多，对现场作业人员的管理直接关系到最终电力的生产效率，生产现场急需采用先进的管理手段及技术方法对作业人员的出勤及作业完成情况进行有效的监管。业务面临的痛点主要归纳如下：

（1）生产现场作业人员众多，作业任务种类众多，但对作业人员到岗出勤的管控措施较少。现在出勤管理主要通过排班安排、签到、值班记录等书面材料及抽检等方式来进行，但仅凭书面文件难以对作业人员的实际出勤进行有效地把控，可能出现到岗率低、交接班混乱等情况。因此，应加强人员出勤情况的监控力度，提高到岗率、规范出勤。

（2）对作业人员作业完成情况的管控力度较大，主要凭借工作表单等事后记录和事中抽检的方式进行，事中控制手段较弱，不能对作业人员的作业任务完成情况进行实时记录；同时，事后对大量工作表单进行检查、统计分析，效率较低。因此，应能对作业人员的作业任务完成情况进行实时记录与监控，减少值班记录等文档工作，便于系统统计分析，辅助进行人员绩效的考核。

3.2.4.2 应用设计思路

通过物联网技术对现场作业人员绩效进行管理，一方面利用 RFID 技术，实时记录作业人员到岗情况；另一方面通过 PDA 与作业任务相匹配，对作业人员的作业任务完成情况进行监控。现场作业人员绩效管理场景架构如图 3－5 所示。

物联网技术应用于现场作业人员绩效管理的整体框架，包括感知层、网络层和应用层。感知层包括 RFID 标签、智能门禁和 PDA，RFID 标签贴于员工卡之上，存储有员工基本信息，智能门禁和 PDA 能读取员工 RFID 信息并与后台系统交互，同时 PDA 可下载现场作业计划等；在网络层，门禁和 PDA 将获得的信息通过作业场所的无线局域网传给站内路由器，再经由专网上传至应用服务器，或直接通过移动通信网络上传至服务器（对于作业场所无网络的情况，作业结束后用工作计算机通过专网上传至服务器）；在应用层，应用服务器获取上传的实时数据，记录员工出勤信息，并通过匹配员工作业计划对作业人员的作业任务完成情况进行监控等，作为现场作业人员考核的依据。

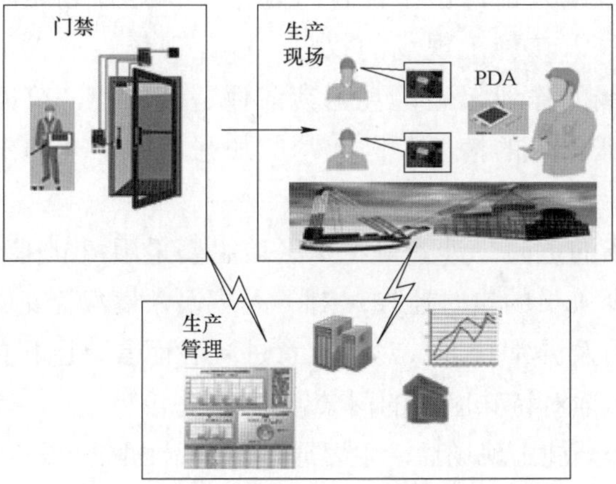

图3－5　现场作业人员绩效管理场景架构

物联网技术在现场作业人员绩效管理中的主要应用包括：

（1）人员出勤管理。人员佩戴记录人员唯一标识的 RFID 标签卡片进出生产现场，智能门禁系统采集人员进出时间，并自动记录为出勤情况。系统对比人员的作业计划与实际出勤记录，对生产现场作业人员的出勤进行考核。

（2）生产作业记录。PDA 读取员工 RFID 完成与作业人员的匹配，作业人员每完成一项作业便将作业结果录入 PDA 中，PDA 记录施工人员编号、任务编号、任务开始时间、任务完成时间等信息，上传到服务器，以对作业人员的作业过程、作业任务完成情况进行记录管理。

（3）融入绩效考核。管理人员根据系统中人员出勤信息、生产作业记录等信息，辅助进行人员的绩效考核。

3.2.5　现场作业安保管理

3.2.5.1　应用需求分析

生产现场的管理效率直接影响生产作业的顺利进行及资产的有效使用。由于生产现场进出人员及车辆较多，情况较复杂，但是对人员、车辆及资产的监控手段较少，急需采用先进的管理手段及技术方法对现场作业安保工作进行有效的监管。业务面临的痛点主要归纳如下：

（1）施工现场的人员及车辆的出入管理，一般是管理人员在出入口处人工核查其工作证或准入证。由于证件未与生产作业计划相匹配，具有工作证的人员未必具有进入该施工现场的权限，因此现场管理人员无法核实人员及车辆是否有该区域的作业权限，甚至其证件是否作假，可能存在非权限人员车辆进出或持假证出入的情况。因此，应加强对施工现场出入人员及车辆的智能权限验证。

（2）施工现场的危险、涉密等特殊区域主要采用树立围栏及警告标志的方式进行管理，缺少人员的实时监控。对于人员误入情况无记录、无提醒、无警报，不便进行人员及异常管理；对于有意进入者而言，围栏的防护作用可能不明显。因此，应加强对特殊区域的门禁管理。

（3）资产运送至施工现场后，主要通过用警示物隔开或人员定期巡查等方式进行管理。由于管理面大、资产种类及数量多、管控措施较少，人员巡视及盘点工作量较大，效率较低，值班人员的工作可能存在疏忽，发生资产丢失的情况；同时利用纸质文件记录现场资产，可能发生账实不符的情况，且无法获知现场资产的实时信息，如数量、规格型号等。因此，应加强设备的实时监控与快速盘点。

3.2.5.2 应用设计思路

通过物联网技术对生产现场进行保卫，一方面通过电子信息标识技术对进出的人员及车辆进行标识，验证其在施工现场及特定区域的出入权限；另一方面通过为生产现场的资产贴标，达到对生产现场资产的实时监控与快速盘点的目的。现场作业安保管理场景架构如图 3－6 所示。

物联网技术应用于现场作业安保管理的整体框架，包括感知层、网络层和应用层。感知层采用 RFID 标签、门禁阅读器和手持式 PDA，在作业人员工卡、运输车辆出入证上及生产用资产上贴附有源 RFID 标签，作业人员工卡标签内存储员工的唯一标识码、员工基本信息等，运输车辆标签内存储车辆的唯一标识码、车辆基本信息等，资产标签内存储其对应的唯一标识码、资产名、技术参数等信息，门禁阅读器和手持式 PDA 可读取标签内信息；在网络层，阅读器或 PDA 将读取的人员、车辆及资产信息通过作业场所的无线局域网传给站内路由器，再经由专网上传至应用服务器，或直接通过移动通信网络上传至服务器（对于作业场所无网络的情况，作业结束后用工作计算机通过专网上传至服务器）；在应用层，应用服务器获取上传的数据，将人员及车辆信息与生产作业计划匹配，以验证是否有出入权限，对生产现场的资产进行监控管理。

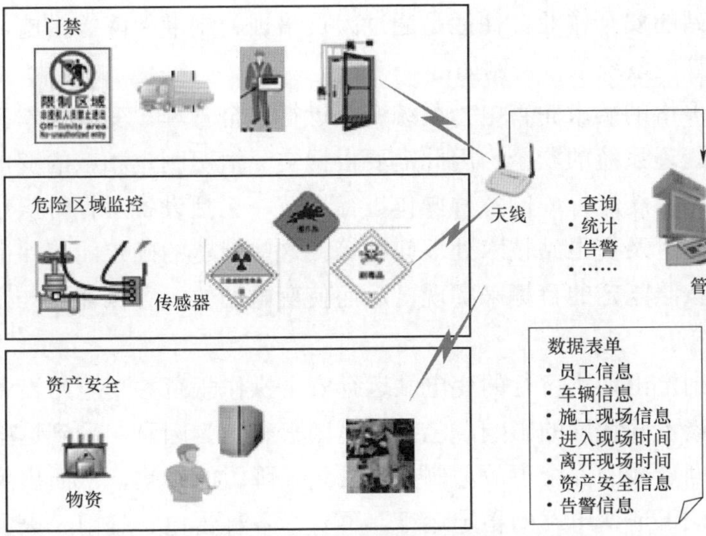

图 3-6　现场作业安保管理场景架构

物联网技术在现场作业安保管理中的主要应用包括：

（1）生产现场出入权限核查。人员、车辆进入施工现场前，门禁自动读取其贴附的 RFID 标签，应用服务器通过将人员及车辆信息与生产作业计划相匹配，以验证其是否具有进入该区域的权限，否则进行报警。

（2）危险、涉密区域的智能门禁。在危险、涉密等特殊区域加装智能门禁，人员需刷卡才能进入，当系统检测到试图进入的人员不具备该区域的作业权限时，系统予以警告，无法进入；对于强行非法闯入等异常状况，系统自动向管理人员报警。

（3）资产实时监控。通过阅读器或手持式 PDA 读取生产现场资产的标签信息，即可对现场资产进行快速盘点，通过系统核查资产是否丢失，达到对资产进行系统监控、减少人员工作量、提高人员效率的目的。

3.2.6　变电站安全作业监控

3.2.6.1　应用需求分析

变电站是指电力系统中对电压和电流进行变换，接收电能及分配电能的场所。在发电厂内的变电站是升压变电站，其作用是将发电机发出的电能升压后馈送到高压电网中。

对于变电站的安全作业，往往是通过人员培训、制度保障等措施，而缺乏电子化的智能管控系统平台，例如：

（1）按照严格的要求完善电力系统变电运行安全管理。变电站本身的安全能够保证电能处理系统的安全，因此需要根据实际情况制定相应的变电站管理目标，对变电站系统运行中的各种操作进行规范，包括设备运行时操作、检修过程中的安全问题及变电站技术处理问题等。这些问题的确定能够保证变电站安全运行管理按照既定的目标来实现，从而使变电站的运行保证在一定的安全考核范围内。

（2）提前制定出切实可行的变电站运行安全操作规范。变电站设备的运行会受到外来因素不同程度的影响，包括环境因素和人为因素，受到这些因素的影响会出现不同形式的安全事故。例如，受到强降雪的影响，从而出现电网崩断的现象，无法保证变电站的稳定运行。再有，各种雷电、暴雨、火灾等也会导致电力系统的运行受到威胁。针对这些情况，需要制定完善的应急处理措施，从而保证在安全事故发生之后能够稳定地进行电力供电的抢修工作，在最短的时间内恢复电力系统。

（3）电力系统变电站的安全生产责任制。电力系统变电站想要实现自身的安全生产，需要积极落实技术安全责任制，从而保证电力系统的安全供电。电力系统安全责任制的落实需要具体落实到个人，体现个人对电力系统安全供电的高度责任感，并要在情况允许的条件下亲临现场检查和指导变电站的安全供电工作。

随着物联网技术的发展，以往通过现场检查、人工保障等方式进行变电站生产作业现场安全管理的工作模式，出现了新的管理手段和思路。可以借助物联网传感技术与后台分析管理系统结合起来，形成一体化的变电站安全作业监控电子化系统，实时读取现场操作视频，获取生产作业现场基本情况，实现批量加载、多人协同监测、监控画面自动巡检及截图等功能，确保作业现场全方位实时跟踪监测。该工作模式为电网生产作业现场安全管理提供了新手段、新方法、新视角，在提高现场安全管理工作效率的同时取得了很好的管理实效。

3.2.6.2 应用设计思路

该场景基于物联网技术，利用电子围栏在变电站内划定危险区域，作业人员配戴智能马甲，并结合后台系统的综合数据分析作业区域存在的风险，实时识别、提醒、警告、记录和事故告警。变电站安全作业监控场景架构如图 3－7 所示。

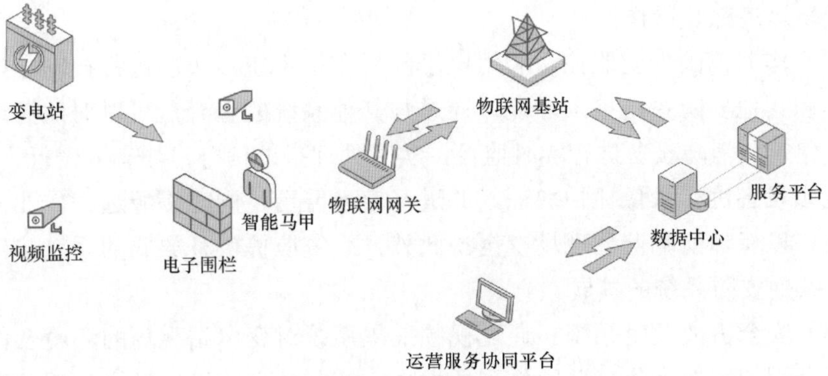

图 3-7　变电站安全作业监控场景架构

3.2.6.3　感知层硬件需求

该场景的感知层需要部署的硬件主要有以下几个方面：

（1）电子围栏。电子围栏的主机安装在变电站室外，沿着变电站的实体围墙进行布控，脉冲电子围栏的主机通常也安装在变电站室外，通过信号传输设备将报警信号传至后端控制中心，显示防守区域工作状态，并远程对外部脉冲主机进行布撤防控等操作。

（2）智能马甲。作业人员配戴智能马甲主要是结合 RFID、NB-IoT 等物联网技术，用于对现场作业人员进行身份验证、考勤验证、位置定位及轨迹追踪等操作，并可结合指纹及人脸识别设备对作业人员身份进行多重安全验证。

（3）视频监控。部署视频监控硬件设备，实现对人、物及操作过程的全程监控，便于后台分析监控视频，预警安全事故。

3.2.6.4　网络层网络需求

该场景主要利用 RFID 的近场传输技术、物联网传感器的 NB-IoT 无线传输技术等，需要具备 NB-IoT 网络的传输环境。

3.2.6.5　应用层功能需求

该场景可实现的应用主要有以下几个方面：

（1）作业人员身份核查。利用智能马甲技术实现变电站现场作业人员的身份验证管理，能够让员工免刷卡进出工地门禁考勤，方便管理人员准确地了解现场作业人员，杜绝外来闲杂人员，保证作业安全，并实现对作业人员的位置定位及轨迹追踪等操作。

（2）作业范围安全监控。利用电子围栏布控系统，实现远程控制、报警联动处理和其他安防系统接入功能。通过与其他系统的整合，可以对监控现场的周界、建筑、消防设备进行实时监控，实时处理报警信号，如有入侵行为发生，联动视频设备进行录像抓拍取证，并进行声光警示，同时提醒远程作业人员进行处理，以保障前端监控现场安全。此外，系统应提供开放式的系统接口，可实现与其他安防系统的扩展。

（3）安全事故及时预警。通过视频采集系统对变电站现场的环境及作业过程进行全程的图像采集，并回传到数据中心及服务平台进行综合分析，结合后台作业安全分析模块，对可能存在的安全隐患进行预警，及时通知到现场作业人员，避免事故的发生。

3.3 生产设备在线监测类场景

3.3.1 输电线路智能在线监测

3.3.1.1 应用需求分析

输电线路布局广泛，处于情况多变的户外环境中，其运行效果直接影响输电工作的顺利进行。为保障线路的正常运作、输电工作的正常开展，急需采用先进的管理手段及技术方法对输电线路进行有效的监测。业务面临的痛点主要归纳如下：

（1）输电线路布局广泛、监测项目众多，若对众多项目进行一一巡视与监测，作业人员作业量极大，作业人工巡视效率较低；对于条件恶劣的气候及地区，如高原环境、暴风雪天气等，巡检实施难度大，作业人员作业有一定的危险性。因此，应加强输电线路的在线巡检，不需作业人员到场即可获得线路重要电气参数信息，特别适用于条件恶劣地区的巡检，同时减少作业人员的作业量。

（2）输电线路监测过程中，对于其运行温度、覆冰状态、气象条件等影响线路运行安全及可靠性的因素，需做到实时监控，但单凭人工及监测技术难以做到实时、准确的数据统计与分析，预警机制较弱。因此，应加强输电线路的实时状态监测，增强预警机制能力，提高巡检准确率，为线路运维提供决策支持。

3.3.1.2　应用设计思路

通过物联网技术对输电线路进行在线监测，主要利用传感器、摄像机等信息获取技术，辅助主处理单元、通信技术等手段，达到对输电线路运行状态的实时监控。输电线路智能在线监测场景架构如图 3－8 所示。

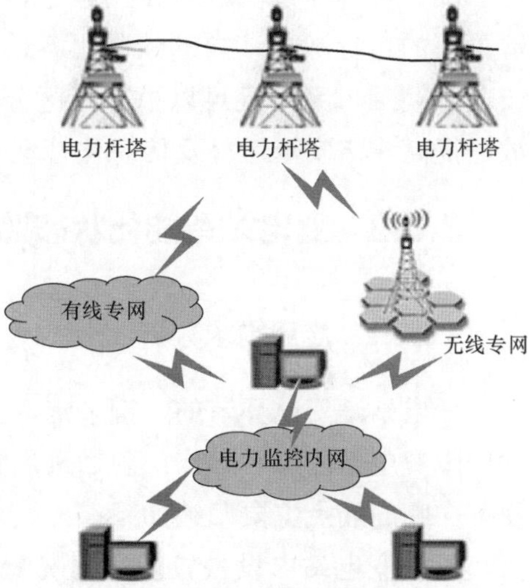

图 3－8　输电线路智能在线监测场景架构

物联网技术应用于输电线路智能在线监测的整体框架，包括感知层、网络层和应用层。感知层采用传感器和摄像机，分布于输电线路上的传感器及摄像机可实时获取覆冰状态参数、气象参数、电气参数及图像监测数据；在网络层，传感器或摄像机获得的文本、图像、视频等数据通过有线网络上传至服务器，对于传感器获得的较小数据还可通过作业区域的无线局域网传给站内路由器，再经由专网上传至应用服务器，或直接通过移动通信网络上传至服务器；在应用层，监控中心的应用服务器获取上传的实时数据，对数据进行智能分析与评估，对输电线路的运行进行实时监测，为线路运维提供数据支持与预警提醒等。

物联网技术在输电线路智能在线监测中的主要应用包括：

（1）覆冰状态监测。通过相关的在线监测设备，实时测量导线质量、绝缘子串风偏角、风速、风向、温度等参数，分析软件综合上述数据、导线相关参数及相关数据模型，计算出目前导/地线的等值覆冰厚度。

（2）气象参数监测。通过在线监测线路环境温度、湿度、风速、风向、雨量、大气压力等参数，对气象数据进行综合分析，将所有数据通过各种报表、统计图、曲线等方式显示给用户。

（3）图像监测。通过在杆塔上或输电线上安装摄像装置，实现在线监测输电线路运行状况。通过图像监测可以直观地实现对线路覆冰情况的观测。远程图像监控适用于危险点、突发事故点的有效监控。

（4）导线温度在线监测。通过采集导线温度，掌握各导线温升情况。

（5）电气参数监测。主要指绝缘子泄漏电流监测。采集运行状态下绝缘子表面的泄漏电流和脉冲频次及温度、湿度等参数，经过监控中心系统分析软件的智能分析和判断，显示出绝缘子表面的积污状态及其发展趋势，绘出各种变化曲线，在污秽过限时，发出报警信号；同时，系统分析软件能根据各监测终端采集的运行数据，自动绘制出各地市，甚至整个区域的污区分布图，在经过一段时间后，系统还可以更新污区分布图，有效防止和减少线路污闪及冰闪事故，提高线路安全运行及信息化管理水平。

3.3.2 变电站智能化状态监测

3.3.2.1 应用需求分析

变电站是变电环节的关键节点，其运行效果直接影响变电工作的顺利进行，为保障变电站的正常运作，急需采用先进的技术方法对变电站进行有效的监测。业务面临的痛点主要归纳如下：

（1）变电站内设备较多、情况复杂，需要进行监测的项目繁多，若对其进行一一监测，作业人员的作业量较大；同时凭借现有人工及技术，对某些项目的监测可能会影响到设备的正常运行，且监测数据未必准确；某些监测项目的进行可能危害作业人员的健康安全，处于恶劣环境的室外变电站的巡检作业可能存在一定的安全隐患。因此，应该加强变电站运行状态的自动监测，不需作业人员到场即可获得变电站关键运行信息，提高监测准确率，减少作业人员的作业量，使作业人员从某些危险环境中脱离。

（2）作业人员在巡视检查时对变电站的运行状态进行监测，但该方法下取得的数据均为离散型的断点数据，不能获得连贯的实时数据，无法对变电站内各设备仪器的运行进行实时监控，可能存在异常情况及无法预警的情况。因此，应该加强变电站运行状态的实时监测，并建立预警机制，通过对其运行状态数据的分析与评估，为变电站运维提供决策支持。

3.3.2.2 应用设计思路

通过物联网技术对变电站进行在线监测，主要利用传感器、智能巡视机器人等信息获取技术，实时监测变电站内各设备及仪器的运行状态，部分代替人工对室外变电站进行巡视检查。

物联网技术应用于变电站智能化监测的整体框架，包括感知层、网络层和应用层。感知层采用传感器和智能巡视机器人，分布于变电站内各设备上的传感器可实时获取变压器各项监测数据、GIS 运行数据、电抗器运行数据等监测数据，机器人系统通过携带红外线热像仪、可见光 CCD 等检测装置，以自主和遥控的方式，代替人对室外高压设备进行巡测，以便及时发现电力设备的内部热缺陷、外部机械或电气问题，如异物、损伤、发热、漏油等；在网络层，系统将传感器等技术获取的数据通过有线网络上传至服务器，对于较小的数据还可通过作业场所的无线局域网传给站内路由器，再经由专网上传至服务器，或直接通过移动通信网络上传至服务器（对于作业场所无网络的情况，则定期将监测数据汇总后人工用工作计算机通过专网上传至服务器）；在应用层，监控中心的应用服务器获取上传的实时数据，通过对数据进行分析与评估，进行实时监控与提醒，为变电站的运维提供数据支持等。变电站智能化状态监测场景架构如图 3－9 所示。

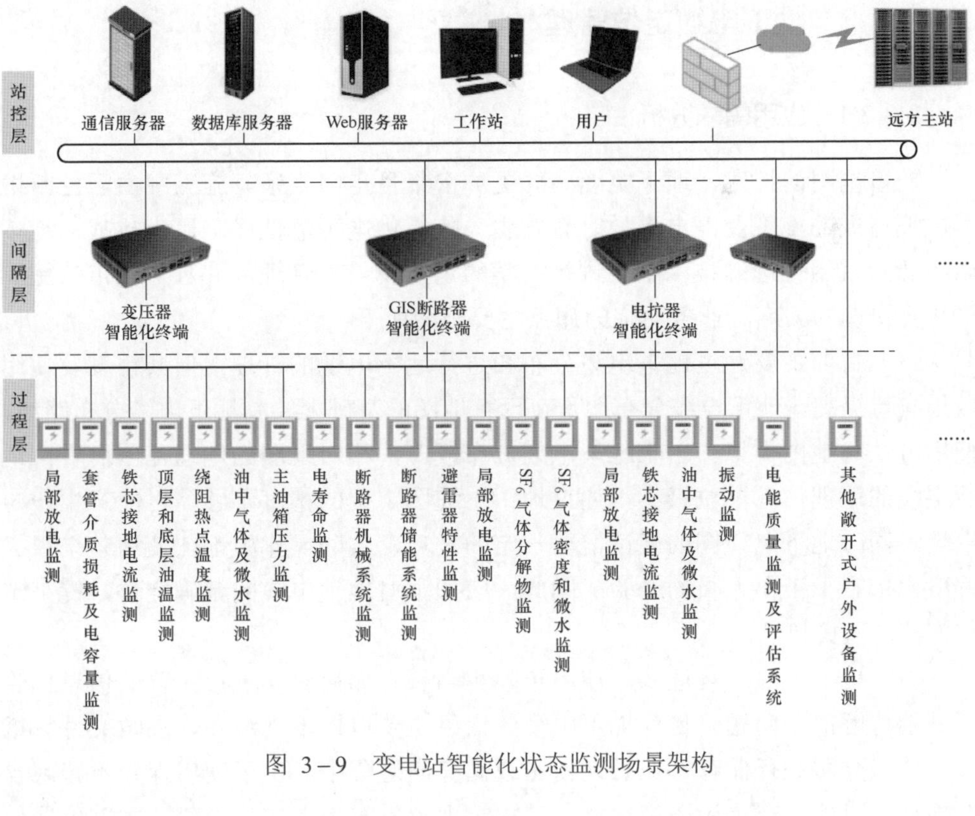

图 3－9　变电站智能化状态监测场景架构

物联网技术在变电站智能化监测中的主要应用包括：

（1）变压器监测。主变压器局部放电监测、套管介质损耗及电容量监测、铁芯接地电流监测、顶层和底层油温监测、绕组热点温度监测、油中气体及微水监测。

（2）GIS/断路器智能化终端。电寿命监测、断路器机械系统监测、控制回路状态监测、断路器储能系统监测、避雷器特性监测、局部放电监测、SF_6气体分解物监测/SF_6气体密度和微水监测。

（3）电抗器智能化终端。电抗器局部放电监测、铁芯接地电流监测、油中气体及微水监测、振动监测。

（4）巡视机器人。以自主和遥控的方式，代替人对室外高压设备进行巡测，以便及时发现电力设备的内部热缺陷、外部机械或电气问题，如异物、损伤、发热、漏油等，给运行人员提供诊断电力设备运行中的事故隐患和故障先兆的有关数据。

3.3.3 地下电缆定位管理

3.3.3.1 应用需求分析

随着电网的扩建，地下电缆布局更加密集且走向复杂。施工中由于挖断地下电缆造成的施工及停电事故时有发生，使得供电可靠性面临巨大挑战，地下电缆急需采用先进的技术手段进行科学的定位及信息管理，并且加强市政施工中相互协调的力度。业务面临的痛点主要归纳如下：

（1）目前主要通过地下电缆分布图进行地下电缆的管理，但其精度及使用效果有待提高。地下电缆分布图是在已有地图的基础上绘制地下电缆分布路线，使用方法与地图类似。由于地下电缆分布较广，相对地图的地理范围而言，地下电缆的地理信息单位极小，通过地下电缆图定位的精度不够，可能产生一定误差。同时地下电缆图的阅读需要一定的技巧，实际操作中地图使用效果很大程度上依赖于工作人员的经验。因此，应加强对地下电缆的精确定位，提高定位方法的可操作性。

（2）地下电缆一旦埋入，使用年限相当长，如何对其进行完善的信息化管理是亟待解决的问题。目前地下电缆的信息主要以地下电缆图、参数文件等纸质文件为介质进行储存，在长期使用或储存的过程中，由于使用保管不善或自然损耗，可能存在字迹图像模糊、破损等现象，对电缆定位而言，关键位置信息的模糊或缺失将极大地影响其精度及准确性。纸质文件不利于长期保管使用，大量文件不利于进行地下电缆信息的查找及维护工作。因此，应加强地下电缆数据的信息化存储及读取。

3.3.3.2　应用设计思路

通过物联网技术对地下电缆进行定位管理，一方面通过电子信息标识技术对地下电缆进行标识，便于进行地下电缆定位；另一方面通过定位仪读取地下电缆的相关信息，通过 PDA 与后台系统交互，便于进行地下电缆的信息管理，解决地下电缆管理中的相关问题。地下电缆定位管理场景架构如图 3－10 所示。

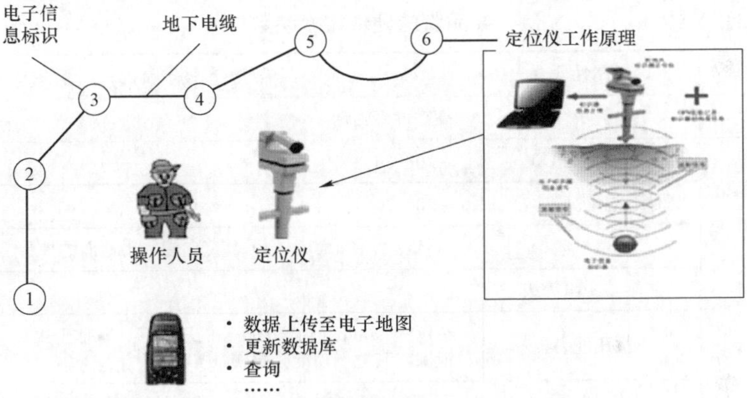

图 3－10　地下电缆定位管理场景架构

物联网技术应用于地下电缆定位管理的整体框架，包括感知层、网络层和应用层。感知层采用电子信息标识器、定位仪及带 GPS 功能的 PDA 终端，在地下电缆的关键点处埋设电子信息标识器，电子信息标识器内存储唯一标识码及基本位置信息，定位仪可对电子信息标识器内存储的基本信息进行读写操作，PDA 终端可与后台系统交互以查看地下电缆分布图及电缆详细信息并进行 GPS 导航等；在网络层，PDA 终端将数据通过作业场所的无线局域网传给站内路由器，再经由专网上传至应用服务器，或直接通过移动通信网络上传至服务器，进行数据交互（对于作业场所无网络的情况，作业结束后用工作计算机通过专网上传至服务器）；在应用层，应用服务器获取 PDA 终端上传的数据，更新数据库，下达数据等。

物联网技术在地下电缆定位管理中的主要应用包括：

（1）地下施工时，通过定位仪读取地下电缆电子信息标识器的相关信息，结合 PDA 终端获得地下电缆的详情，如关键点的位置、埋深、管径、管材等相关信息，以达到对地下电缆的实时精确定位，避开其施工。

（2）日常维护时，读取地下电缆的相关信息，据此选择维护方式进行维护，并将维护记录存储上传到服务器中。

（3）通过后台管理系统可对全区域电缆进行统一定位及管理。

3.3.3.3 感知层硬件需求

由于地下电缆使用及维护年限长，采用无源电子信息标识器对其进行标识管理。感知层硬件需求参考某品牌的硬件技术参数，见表 3－3。

表 3－3　某品牌的硬件技术参数

特性	属性	参考技术参数
物理特征	外壳成分	高密度聚乙烯
环境特性	工作温度（℃）	－20～50
	储存温度（℃）	－20～70
	跌落试验	可承受从 10ft（约 3m）高度向混凝土地面的摔落
	防潮与防尘等级	IP67
	抗压能力	在承受 900lb（约 408kg）的压力后，球体无永久损伤、无裂纹与泄漏，其电子功能无损伤
电气特性	数据保持	环境温度为 55℃时可达 268 年，温度越低保持时间越长
	内存容量（bit）	256
	ID 号	全球唯一的 10 位数字代码
	信息读取范围	最大 5ft（约 1.5m）
抗化学腐蚀能力（测试温度为 20℃）	氢氧化铵	优异、无任何腐蚀
	硼酸	优异、无任何腐蚀
	丁基乙醇	优异、无任何腐蚀
	氢化钙（饱和）	优异、无任何腐蚀
	硫黄酸（10%）	优异、无任何腐蚀
	氢氧化钠（50%）	优异、无任何腐蚀
	燃料油	优良，轻微侵蚀
	植物油	优良，轻微侵蚀
	矿物油	优异、无任何腐蚀

定位仪由发射机和接收机两部分组成，主要技术参数见表 3－4。

表 3－4　　定位仪的主要技术参数

特性	部件	属性		参考技术参数
电气规格	发射机	输出频率	路由模式	577Hz 和 8、33、200kHz
			信号音模式	577Hz 和 200kHz，发生 8Hz 脉冲
			感应模式	33、200kHz
		输出电压	路由模式	70V
			信号音模式	正常 10V，高功率 60V
		输出功率	正常	低于 0.5W
			高功率	低于 3W 或 5W 扩展输出
		输出保护		240V
		电源		6×2 号（C）碱性电池 外包直流 9～18V （1A）
		典型电池时间（h）	正常功率输出	50
			高功率输出	10
	接收机	频率		577Hz 和 8、33、133、200kHz
		深度测试	显示分辨率（dB）	0.1
			显示范围（m）	0～9
			深度单位	cm、in、ft
			精度	+/－2%+/－5m　（0～1.5m） +/－6%+/－5m　（1.5～3m） +/－10%+/－5m　（3～4.5m）
			电流显示	0.1dB 分辨率或 0.01mA 分辨率
		电源		8×5 号（AA）碱性电池
		典型电池时间（h）		30
环境规格	发射机/接收机	操作温度（℃）		－20～50
		存储温度（℃）		－20～70
		密封等级		IP54

3.3.3.4　网络层网络需求

地下电缆定位管理的网络层结构为无线局域网或者移动通信网络。对于无线局域网，PDA 终端通过无线局域网与无线网络终端连接，无线网络终端通过内网与后台应用服务器连接；对于移动通信网络，PDA 终端直接通过移动通信网络与应用服务器连接；对于无网络的作业环境，作业结束后通过工作计算机由内网与后台应用服务器连接。

在此过程中要求作业场所的无线局域网或移动通信网络通信范围能覆盖整个作业场所，传输速率能支持作业场所内所有PDA终端同时与系统终端间进行数据传输，支持无线局域网络标准IEEE 802（对于无线局域网），支持常见的网络传输协协议；作业场所终端与应用服务器间基于已有内网进行通信。

3.3.3.5 应用层功能需求

为加强地下电缆的定位及信息管理，将物联网技术应用于地下电缆定位管理，主要有如下功能需求：

（1）地下电缆精准定位。作业人员将定位仪前端置于地面，开启定位仪并登录定位仪操作系统，按“定位”按钮，定位仪进行测量工作。定位仪屏幕根据操作人员的权限显示“测量范围内的标识器”列表，该列表包括“标识码”“电缆号”“电缆类型”等信息。选定某一标识器，单击“详细”按钮，可查看“埋深”“经纬度”“管径”“管线尺寸”“压力值”等基本数据。作业人员可据此获知地下电缆的基本分布情况，避开其进行施工等作业。

（2）结合PDA获知电缆详情。PDA装载GPS模块，并将其与地下电缆管理系统连接。作业人员通过PDA终端登录电缆管理系统，显示“地下电缆分布图”。单击图中电缆线，出现“电缆类型”“埋深”等基本信息，单击“详细”按钮，根据权限可查看“标识器位置”标签、“电缆参数”标签、“运维参数”标签等分类信息，“标识器位置”标签包括“埋深”“经纬度”等数据，“电缆参数”标签包括“管径”“管线尺寸”“管材”“防腐方式”“压力值”等数据，“运维参数”标签包括“施工日期”“维护单位”“维护记录”等数据；或直接单击“搜索”按钮，输入地下电缆相应的“标识码”，可获知该段电缆的详情。

（3）利用PDA实现方位导航。作业人员手持PDA终端，单击“定位”按钮，可定位作业人员所处位置，单击“搜索”按钮，并输入“搜索区域”“电缆类型”“标识码”等搜索条件，可显示符合条件的电缆搜索结果。选中某一电缆点，单击“路径规划”按钮，系统提供到达该点的实时路径规划和方位指导，作业人员根据导航到达大致区域后，再运用定位仪进行精准定位。

（4）电缆信息维护管理。作业人员定期对地下电缆标识器的信息进行校对，通过定位仪等工具对地下电缆的位置进行定位校验、检查等操作，PDA登录系统后，查看“维护记录”属性，单击“更新”按钮，可在权限内进行数据的录入与更新。

（5）系统权限设置。作业人员携带定位仪或 PDA 终端进入现场后，凭账号、密码登录系统，系统根据操作人员身份的不同赋予不同的操作权限，例如，施工人员的权限是读取地下电缆的“标识器位置”标签、“电缆参数”标签信息以进行定位；维护人员的权限是读取地下电缆“标识器位置”标签、“电缆参数”标签、“运维参数”标签信息的详细情况，并更新“维护记录”字段；管理人员的权限是读取并更新所有信息。当作业人员登录系统后，系统自动显示权限内的操作，对非权限内的操作标识，并在作业人员试图进行非法操作时提示“无权限！”。

3.3.4　智能配电柜应用管理

3.3.4.1　应用需求分析

我国配电柜历经几十年的发展，目前已经形成一个较为完善的体系。传统配电柜容量小、体积大、功能单一、性能指标低。随着技术的发展及沉淀，现阶段的配电柜向着体积小、性能高、功能多的智能化产品方向不断进步，为电力企业的发展不断注入生命力。传统配电柜的主要功能是分配电能和控制电能使用，随着人们生活水平的不断提高，对供电质量也提出了更高的要求。而传统配电柜各方面性能的优劣直接影响整个电网的供电质量。因此，必须从技术上进行创新来不断提高配电柜各方面的性能，以此来确保供电质量。近年来，随着我国经济的快速发展和科技水平的不断进步，特别是物联网技术及信息技术的发展为智能配电柜的发展创造了有利条件，为传统配电柜向智能配电柜方向发展提供了有利的平台。

智能配电柜在传统配电柜元器件的基础上，结合物联网技术和信息技术，融入了保护模块、计量模块与通信模块，通过这些元器件完成智能配电箱的集成，旨在通过一种安全、可靠、简单、智能的方式，保障配用电系统与设施的安全、可靠、高效运行[9]。

3.3.4.2　应用设计思路

该场景基于物联网关键技术，利用物联网智能传感器等终端建设或改造智能配电柜设施，可通过外接传感器设备、控制设备或计量设备，使配电柜变为采集周边环境、温度、水浸、火灾、门禁、电流、电能量等的远程智能采集通信控制网关。

基于智能配电柜设施所采集的环境信息与用电数据，进行数据价值挖掘及电力能源生产管控的生产及业务需求，建设智能用电数据管理云平台。

智能用电终端采用物联网技术，通过传感技术将用电信息通过网络实时反馈给云平台，后台数据库会及时更新用户的用电量，并做周期统计及分析。当发生电力故障时，终端会将故障基本原因自动发送到控制台。通过终端定位功能，维护人员能快速地安排就近作业人员准备替换零部件等。平台具备将所接入的智能用电终端的数量进行大数据分析及挖掘的能力。

该场景将智能配电柜数据采集后，进行智能电网运行分析、用电行为分析、阶梯电站调度分析、电力生产管理分析，提升电网用户的数据价值。该场景的功能价值包括：

（1）实时配电柜环境的监测。监测值包括环境、温度、水浸、火灾、门禁、电流、电能量等。

（2）设备故障及安全风险告警。支持短信、语音、平台告警、E-mail 及报警器等多种告警提醒方式，并支持 APP 端远程监控与维护。

（3）用电数据远程采集。电流、电能量等数据采集。

（4）用电数据价值挖掘及数据分析。

智能配电柜系统总体架构如图 3－11 所示。

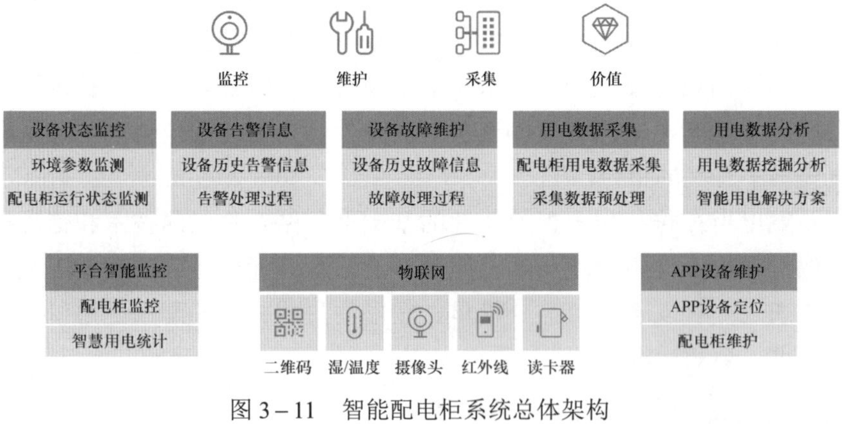

图 3－11　智能配电柜系统总体架构

智能配电柜采用标准的机柜兼模块化结构设计，融入了不断电的热插拔扩展、智能数据采集、全面电力监测、防雷、电网隔离一体化配电设计，真正做到了与数据中心环境相匹配，是全面提升数据中心配电可用性及管理水平的新一代配电技术手段。

3.3.4.3　感知层硬件需求

该场景基于物联网关键技术，借助于感知层终端，如温/湿度传感器、智能摄像头、红外线传感器、RFID 等设备进行数据采集，实现对配电柜的远程集中监控，可视、可控，支持 APP 端对设备的定位及维护等。

对于新建系统可以采取物联网智能配电柜通信网关的方式建设，而对于改造系统可采取加装物联网传感采集终端的方式部署。

配电柜现场设备采集是通过物联网技术数据采集器实时采集柜内动力、环境等信息，如市电、UPS 电源、温/湿度、漏水等实时信息，直接传输给物联网管理后台，实现对数据的实时监控、存储及输出等功能，记录报警事件，管理人员可通过浏览 Web 页面或者移动终端实时了解机房情况，方便随时随地掌握机房的工作状态。

3.3.4.4　网络层网络需求

对于该场景，在网络传输层，可以借助包括 NB－IoT、Zigbee+4G 或 LoRa+4G 网关设备、无线连接设备、无线传输网络等进行数据回传。

借助 Zigbee/LoRa、4G 等无线技术，通过无线数据传输模块、采集模块、智能网关等物联网设备，实现配电柜的定位、控制、动力监控、环境监控、数据分析等功能。

（1）有线组网方式。每个配电柜通过 CAN 总线将自身的状态上传给主机，然后主机再通过以太网将数据传到后台服务器。

（2）无线组网方式。每个配电柜都装设 Zigbee 模块，组建 Zigbee 网络，由其中一个节点充当主节点。子节点主要负责数据的采集并将数据传输至主节点，主节点集合子节点的数据，采用 4G、5G 和 DTU 技术上传数据，数据最终汇集于后台服务器中，做进一步的处理和利用。

3.3.4.5　平台层支撑需求

该场景在平台层需要构建配电柜管理平台，实现对配电柜的实时监控管理及数据分析管理两大部分功能。

（1）实时监控管理。智能配电柜融合对用电数据的采集实现的监测功能包括集中监控、故障定位、告警压缩、故障预处理、故障派单及故障处理等，主要功能包括：

1）用电设备运维监控；系统发现设备负荷运行异常，及时报警，通知运维管理人员进行处理。

2）电流/电压负荷波形图；系统支持设定超限红线，实现超限报警。

3）用电实时数据采集监控。

4）配电柜动力及环境监控系统数据实时监控。

（2）数据分析管理。该场景支持对用电数据的分析及价值挖掘，基于用电大数据，呈现同类用电企业能耗对比、企业能耗分析，为企业制定个性化的节能方案。其实现的功能主要包括：

1）客户资料管理。

2）电能表信息管理。

3）用电数据监控。

4）用电数据分析。

5）调度日志生成。

3.3.5 配电网智能运检管控系统

3.3.5.1 应用需求分析

随着电网建设，配电网设备越来越多，设备检修量也正逐渐增加，如何在大量的配电网中找出问题设备是一个较大难题，以往检修人员掌握的数据也较单一，对影响因素分析不够全面。因此，需要给相应的管理人员或检修人员提供设备问题的综合展现界面，得以全面掌握配电网设备问题影响因素、设备问题数量及相关趋势。

在庞大的设备维护量下，依赖于传统的设备评价机制已满足不了当前的发展需求，经过多年的信息化、配电网自动化建设，已经积累了海量的配电网相关信息数据，同时智能配电房建设工作全面展开，为配电网设备进行综合评价提供了有力的基础，配电网迫切需要信息化手段对设备问题进行预测和评价，提高预测精准度、减少维护量。

3.3.5.2 应用设计思路

配电网智能运检管控系统总体架构设计的主要内容包括不同层面的业务应用、技术、安全、数据的方案和相互关系，这些内容按维度可分为数据层、集成层、应用层、安全接入层、终端层和用户层，如图3－12所示。

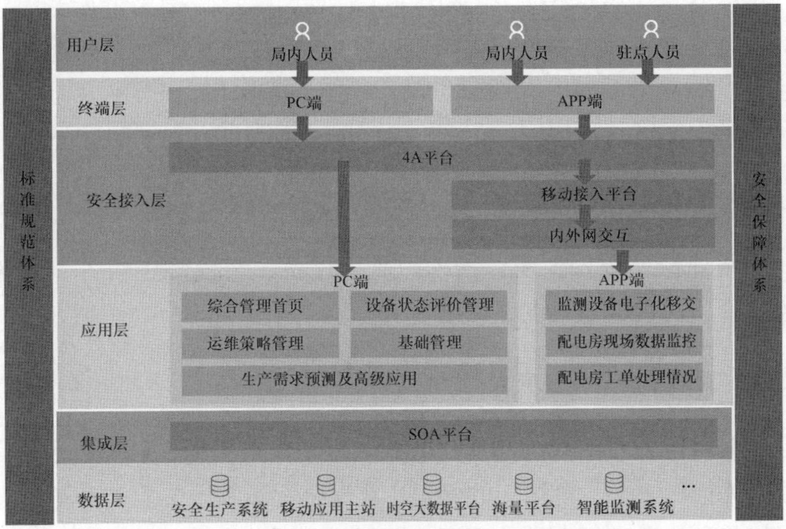

图3－12　配电网智能运检管控系统总体架构

（1）数据层。涉及安全生产（生产计划、缺陷表象、消缺等数据），移动应用主站（4A数据、内外网交互、安全移动接入、图档），时空大数据（图形、位置），统一认证人员组织数据。

（2）集成层。通过电力企业SOA数据总线交互基础及业务数据，确保数据交互的完整性，通过数据交互日志，按照约定步骤对同步数据进行异常处理，监控数据交互确保及时可靠。

（3）应用层。实现综合管理首页（实现运检运态管控图、运检预测分布图），生产需求预测及高级应用（故障预测管理、巡视预测管理、检修预测管理、项目预测管理、物资预测管理、预测设置管理、智能派单应用、智能防误应用、监测设备验收管理等），设备状态评价管理（评价总览、健康度评价、重要度评价、风险评估等），运维策略管理（基于状态维修策略管理、基于风险的设备维修管理、综合维修管理、历史维修分析管理等），基础管理（维护管理、控制策略管理、监测设备管理、测点管理、数据接入管理、告警设置管理及配电网生产信息、学习管理）。

（4）安全接入层。按照4A认证及移动接入平台要求，后台系统与电力企业系统通过接口规范对接，进行二次认证、账号及数据加密存储传输办法，确保系统安全运行。

（5）终端层。采用 PC 服务终端、APP 终端，PC 端采用可视化技术支撑监控班及决策层人员使用，APP 端采用基于位置的便携移动设备实现作业任务派发进度信息回传及区局层面的作业监控。

（6）用户层。覆盖局内决策层、监控班组（含配电、急修、巡视），区局运行班组及低压抢修驻点班组。

3.3.5.3 感知层硬件需求

感知层硬件管理接入主要包括动力监控设备、环境监控设备、设备监控及安全监控设备、门禁巡检设备、视频监控设备等。

3.3.5.4 网络层网络需求

通信层采用电力专网或公网通信方式，建立数据流管控，基于分散信息系统的业务数据进行再集中、再统一的管理，实现交互流程数据存储和更新，对采集量测数据和关联数据进行有效的利用和分析，为系统各项应用功能提供支撑。

3.3.5.5 应用层功能需求

（1）综合管理。配电网智能运检管控系统需要考虑系统应用范围，应满足不同角色的使用需求，如供电局、区局、班组、专业人员、设备主人等层面，提高系统数据保密性，为用户减少无效信息量。同时，首页还应覆盖抢修、巡视、检修等业务，提高系统流程的完整性，系统以智能为主调，应突出当前整体智能程度，每个角色进入系统所关心的内容，如天气、设备概况、告警、故障、评价、缺陷、处理、计划等，为用户提供重要的精准信息，提高设备问题处理能力。系统在可视化应用设计上，需要合理布局，应可以直观地在地理信息图上展现出不同业务打点信息，单击可以钻取到下一层级，提高整体可视化应用。

（2）生产需求预测及高级应用。配电网智能运检管控系统高级应用主要体现在智能管控（高级应用）和智能决策（需求预测）上，智能管控应能实现根据现场设备监测数据进行分析后，将告警信息回传系统，系统可以自动进行不同工单类型派单，同时可以追踪整个派单的过程。整体工单情况以表格形式展示，表格内容包括所属区局、巡视工单号、所属变电站、所属馈线、配电房、生成时间、状态、生成类型、操作。单击工单表格中的详情，跳转到该工单详情界面。

生产需求预测是要实现巡视计划、检修计划、项目计划、物资计划预测应用，实现业务全面自动化。

（3）设备状态评价。随着电网设备体量不断增加，需要对设备进行差异化运维，而当前生产业务应用覆盖度比较全面，可以为设备状态评价提供数据支撑。在智能化程度仍然不高的情况下，状态评价仍然是一个重要方向，系统应可通过设备的原始资料（订货技术协议、出厂试验报告），运行资料（设备运行工况记录信息、历年缺陷及异常记录、巡检情况），检修试验资料（检修报告、例行试验报告）及其他资料等信息进行评价，同时可以根据设备影响的范围进行重要度的评估，从而为设备进行风险定级。

（4）设备运维策略。智能分析与状态评价，最后一个环节就是怎么去解决设备问题，系统应可以通过各种历史数据及应对措施，为设备问题的解决提供科学依据，同时可以根据不同的策略进行运维。通过先进的状态监测和诊断手段、可靠性评价手段及寿命预测手段，判断设备的状态，识别故障的早期征兆，对故障部位及其严重程度、故障发展趋势做出判断，进而确定适当和必要的检修时间和项目，在设备性能下降到一定程度或故障将要发生之前主动实施维修。

（5）现场移动作业联动。配电网智能运检管控系统将逐步成为一个大脑，将相关的信息进行分析后，安排和指挥现场作业，保障现场有序开展工作，当发生告警时，需要及时告知现场人员，做出及时处理。因此，需要贯通配电网生产移动应用。当前配电网生产移动应用快速复电和配电网巡视比较成熟，结合配电房应用可以将异常信息自动生成巡视工单，安排人员现场检查。当设备发生故障时，需要生成抢修单，同时应可以提供给现场人员查看相关故障信息。

3.4　巡视运维管理类场景

3.4.1　输电线路巡视路线管理

3.4.1.1　应用需求分析

输电线路布局广泛、涉及领域较广、情况较复杂，因此输电线路巡视人员的工作量较大，急需采用先进的管理方法和技术手段对其巡视路线进行监控管理。业务面临的痛点主要归纳如下：

（1）由于输电线路布局广泛、巡视工作区域广、人员工作量大，巡视工作中对人员到岗情况的监控主要采用事中抽检、事后检查记录表单等方式进行，管控措施较弱，可能出现漏检却记录到岗等特殊情况，巡视工作的实际到岗率仍有待提高；同时由于作业人员一般凭借经验进行巡视路线的规划，路线规划的效率较低，对于路况不熟的作业人员而言，可能找到巡视目的地需要耗费一定时间，影响作业效率。因此，要加强对巡视人员到岗情况的实时记录与监控，提高巡视实际到岗率和路径规划的效率，需要时可提供路径导航功能。

（2）巡视作业中，对巡视人员无意漏检、巡视执行不规范的情况，缺少提醒机制，待人员事后发现时可能通过记录虚假信息或返工等方式弥补，而记录虚假信息不仅违反工作规范，也给输电工作增加安全隐患，返工则会降低人员工作效率的情况；同时由于无法实时掌握巡视人员的工作进度，一旦发生突发情况，难以进行巡视任务的调整安排。因此，要加强对巡视路线及巡视规范的监控提醒，根据巡视进度及线路的突发故障，重新安排巡视路线，实现巡视人员的实时调配。

（3）采用表单等纸质文件记录巡视过程及巡视结果，巡视人员一般在巡视结束后将某时间段内的巡视记录一并上交，待作业人员对其整理汇总后管理人员才可获知输电线路巡视结果，填写大量纸质表单不利于后续的分析统计，由于巡视结果不能快速上传，管理人员不能实时获得巡视结果的数据；同时在巡视过程中，由于缺少相关定位工具和指导，对于故障地点不能精确定位，某些特殊故障不能准确判定，不利于日后维护修理工作的开展。因此，要加强对巡视记录的快速上传，实现无纸化办公，减少工作量；通过将 GPS 定位与故障拍照取证等故障信息绑定，采用无线网络技术及时回传，便于对故障进行定位，方便后方进行故障分析和及时安排抢修。

3.4.1.2 应用设计思路

输电线路巡视路线管理场景架构如图 3－13 所示。

通过物联网技术对输电线路巡视进行路线管理，利用 GPS、RFID 等信息获取技术结合通信技术、后台业务应用服务器等，达到对输电线路巡视路线的监控管理。

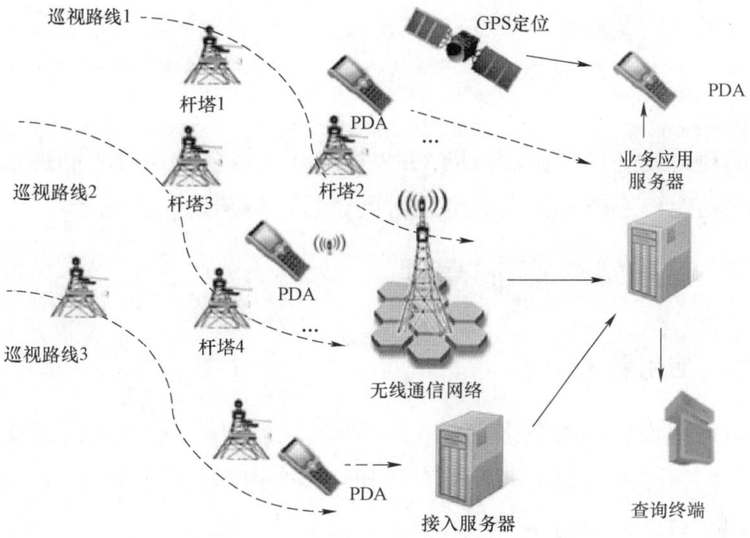

图 3－13　输电线路巡视路线管理场景架构

物联网技术应用于输电线路巡视路线管理的整体框架，包括感知层、网络层和应用层。感知层采用 PDA 终端和 RFID 标签，分布于杆塔上的 RFID 标签标记杆塔信息，配备有 GPS 模块的 PDA 终端可获取人员的实时位置信息，读取 RFID 标签信息以获得杆塔信息，并录入巡视结果；在网络层，PDA 将读取的信息通过移动通信网络上传至服务器，对于无网络的情况，作业结束后作业人员通过内网上传至服务器；在应用层，应用服务器获取上传的实时数据，将杆塔 ID 与其存储的地理信息匹配，将巡视人员的地理位置信息与巡视任务做对比，以达到对输电线路巡检路线管理的目的。

物联网技术在输电线路巡视路线管理中的主要应用包括：

（1）巡视自动到位确认。PDA 中的 GPS 模块自动对巡视人员进行定位，系统提示人员 50～100m 范围内的杆塔，由巡视人员选择确认巡视目标，系统对比巡视计划中的杆塔信息与待确认的杆塔信息是否一致，如果不一致则给出警告或强控，如果一致则进行到位确认。对于 GPS 定位无信号或者匹配出大量杆塔的情况，扫描杆塔 RFID 标签进行到位确认。

（2）巡视工作规范化监控。PDA 显示杆塔的相关设备信息，巡视人员选择确认后 PDA 对比既定巡视计划中设备信息与选择确认的设备信息，对于非计划内的设备巡视，PDA 依据巡视规范进行警告或强控（拒绝巡视结果录入）。

（3）巡视记录实时上传。PDA 通过无线网络实时回传巡视信息，加强人员安全管理及工作进度管理；通过将 GPS 定位与故障拍照取证等故障信息绑定，采用无线网络技术及时回传，便于对故障进行定位，方便后方进行故障分析和及时安排抢修。

（4）巡视路线规划导航。借助 GPS 模块，提供各种条件下的巡视路径退化及路径导航功能，系统提供人员巡视时间信息，以帮助、优化作业人员判断。

3.4.2 变电站巡视路线管理

3.4.2.1 应用需求分析

变电站内部设备种类繁多，情况较复杂。变电站巡视人员的工作量大，且有一定难度，急需采用先进的管理方法和技术手段对其巡视路线进行监控管理。业务面临的痛点主要归纳如下：

（1）变电站内设施设备种类繁多，巡视项目多，人员工作量大，可能出现漏检、巡视不规范等现象。对巡视人员的漏检、巡视不规范等情况缺少提醒机制，待人员事后发现时可能通过记录虚假信息或返工等方式弥补，而记录虚假信息为变电工作增加安全隐患，返工则会降低人员工作效率。因此，要加强对变电站内巡视路线的监控提醒。

（2）变电站巡视工作中，主要采用表单等纸质文件进行记录，作业结束后巡视人员将某时段内的巡视记录一并上交，由作业人员整理汇总后管理人员才可获知变电站的巡视结果。在此方式下，管理人员不能实时获得巡视结果的数据，且大量纸质表单的填写不利于后续的分析统计。因此，要加强变电站巡视记录的实时上传，提高对巡视工作的响应速度。

（3）由于巡视工作较复杂，各项任务耗时不同，计划人员安排巡视任务时可能难以辨明而制定较难的计划；同时，由于无法实时掌握巡视人员工作进度，对于突发情况等，难以进行巡视任务的有效调整安排。因此，要加强巡视数据的搜集，掌握巡视进度，便于重新安排巡视任务。

3.4.2.2 应用设计思路

通过物联网技术对变电站巡视路线进行管理，主要通过为检查点粘贴无源 RFID 标签，巡视人员利用 PDA 设备获取巡视信息，同时对比人员巡视计划，以实现对巡视路线的监控管理。变电站巡视路线管理场景架构如图 3－14 所示。

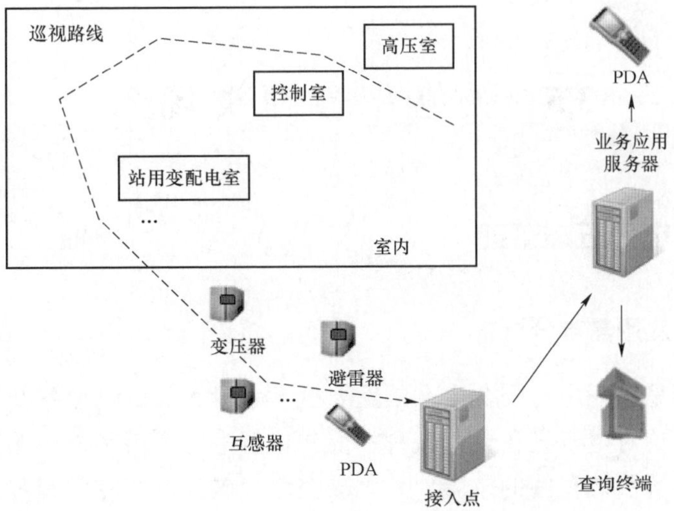

图 3－14　变电站巡视路线管理场景架构

物联网技术应用于变电站巡视路线管理的整体框架，包括感知层、网络层和应用层。感知层采用无源 RFID 及有读取功能的 PDA，待巡视设备上粘贴储存有设备信息的无源 RFID 标签，巡视人员使用手持式 PDA 可读取设备的 RFID 标签信息，将巡视结果录入 PDA 并获得反馈；在网络层，由 PDA 将获得的数据通过作业场所的无线局域网传给站内路由器，再经由专网上传至应用服务器，或直接通过移动通信网络上传至服务器（对于作业场所无网络的情况，作业结束后用工作计算机通过专网上传至服务器）；在应用层，应用服务器获取 PDA 上传的数据并储存，与巡视计划做对比，以达到对变电站巡视路线的管理。

物联网技术在变电站巡视路线管理中的主要应用包括：

（1）巡视人员利用手持式 PDA 扫描设备、建筑物等检查点的 RFID 标签，PDA 对比所读取的检查点与计划路线上的检查点 ID 是否一致，如果不一致则给予提示。巡视工作完成后数据上传至服务器，服务器分析本次巡视工作是否覆盖了所有计划检查点，且巡视顺序是否与计划一致，以达到对巡视路线的监控。

（2）系统记录巡视人员的巡视耗时数据，为巡视计划人员的巡视线路规划提供依据。

（3）实时掌握巡视人员的工作进度，对于突发情况等，重新安排巡视任务，实现巡视人员的实时调配。

3.5 规范化管理类场景

3.5.1 电气五防管理

3.5.1.1 应用需求分析

五防闭锁是保证电力安全生产的重要技术手段，在电气设备及其自动化控制系统上安装的对电气设备操作流程、操作位置进行闭锁和提示的装置。在申请解锁装置与解锁装置间的校验、感知玻璃面板破损、跟踪解锁装置、确认玻璃面板修复环节需加强管理。

在五防闭锁解锁过程中解锁对象的错误是频率较高的事故，为减少该环节的错误，需在解锁过程中确认审批单中的解锁对象与现场实物是否一致；在事故解锁过程中，由于时间紧急，一般由变电站人员事先砸碎玻璃面板进行解锁操作，事后24h内进行汇报，导致安全监督在变电站内的缺位，需对砸碎玻璃面板的操作进行实时监控；事故解锁中，解锁装置在取出解锁之后，需等待玻璃面板修好后将解锁装置重新放入存放位置，在这段等待时间内由运维班班长保管，且不能带出变电站，对此需要加强解锁装置位置的监控；为加强五防玻璃面板修复管理，需及时告知安全监督部门五防玻璃面板已经修复。

3.5.1.2 应用设计思路

通过物联网技术应用于电气五防管理，在电气五防解锁的关键环节引入相应监控，提升电气五防操作过程的安全性。电气五防管理场景架构如图 3－15 所示。

正常倒闸操作过程中因防误装置异常，需要解锁设备的强制解锁，操作人和监护人共同填写“防误闭锁装置解锁钥匙使用审批单”，其中解锁位置填写相应闭锁装置的编号，提报“防误闭锁装置解锁钥匙使用审批单”，五防专责携带解锁钥匙到达现场，解锁前通过PDA读取闭锁装置RFID标签，确认需解锁位置与“防误闭锁装置解锁钥匙使用审批单”一致，然后进行解锁，五防系统自动记录该次解锁操作。

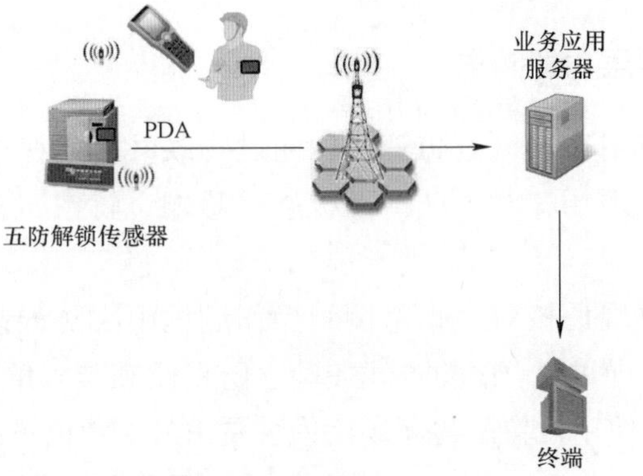

图 3－15　电气五防管理场景架构

在事故解锁过程中，感知器嵌入解锁工具箱玻璃面板中。当事故操作解锁砸碎解锁工具箱玻璃面板时，由此触发通知生产技术部及安全监察部等相应部门“××变电站五防玻璃面板破损”。在假设站内已经实施生产现场人员定位应用点的基础上，解锁完成后为解锁工具粘贴有源 RFID 标签以便于跟踪，直到解锁工具放入修复好的解锁工具箱内。变电站内人员在 24h 内修复解锁工具箱，完成后对闭锁装置 RFID 及工具箱用 PDA 拍照回传后方系统，以便于安全监察部门及生产技术部门注销前期所记录的“××变电站五防玻璃面板破损”。

3.5.1.3　感知层硬件需求

感知层硬件标识需求包括有源 RFID（解锁装置）标签、无源 RFID（设备和闭锁装置）标签及条形码（设备标签和闭锁装置标签），感知层传感器采用具备感知玻璃面板破碎功能的传感器，感知层终端设备上需有带 RFID 及条形码读写功能的手持式 PDA 终端。该 PDA 支持 3G/GPRS，屏幕尺寸大于 10in，质量小于 1000g，户外强背景光时屏幕高亮度显示，续航时间大于 5h，具备可扩展卡槽、配备车载充电器和备用电池，且支持 GPS 功能。

3.5.1.4　网络层网络需求

五防 PDA 终端在网络层结构为通过站内无线局域网的方式实现 PDA 与后方应用服务器间数据的实时传输，感知器通过有线网络的方式实时回传玻璃面板破碎信息，在假设生产现场人员定位已实施的前提下，解锁装置通过有源 RFID 进行定位。

3.5.1.5 应用层功能需求

物联网技术应用于电气五防管理，通过物联网技术在电气五防解锁的关键环节引入解锁对象现场核对、玻璃面板破碎感知、解锁装置站内跟踪及玻璃面板修复图片回传。

（1）解锁对象现场核对。正常倒闸操作过程中因防误装置异常，需要解锁设备的强制解锁，通过 RFID 的方式校验“防误闭锁装置解锁钥匙使用审批单”所填写“解锁钥匙使用位置”与现场闭锁装置 RFID 所记录的“解锁钥匙使用位置”是否一致，若不一致，则报错“解锁钥匙使用位置错误，不能解锁”，否则发出“解锁钥匙使用位置正确”的提示音。

（2）玻璃面板破碎感知。当玻璃面板破碎时，玻璃面板破碎传感器接收到破碎信号，通过站内有线回传后方服务器“××变电站××防误闭锁解锁装置被使用”信息给生产技术部及安全监察部。

（3）解锁装置站内跟踪。在假设站内已经实施生产现场人员定位应用点的基础上，解锁装置在被使用后但玻璃面板未修复前由运行部门五防专责保管解锁工具，通过在解锁装置上粘贴有源 RFID 标签实现变电站内定位，具体功能实现可参考生产现场人员定位应用点。

（4）玻璃面板修复图片回传。玻璃面板修复完成后对闭锁装置 RFID 及工具箱用 PDA 拍照回传后方系统，安全监察部及生产技术部在信息系统中注销前期所记录的“××变电站××防误闭锁解锁装置被使用”，将该条信息标志为“已修复”。

3.5.2 两票操作规范化管理

3.5.2.1 应用需求分析

两票操作规范化管理是保证电力安全生产的重要管理手段，通过把物联网技术引入两票操作规范化管理，将在人员签发资质上多一层校验；通过实时上传现场操作记录以监督现场工作执行情况，并且在两票填写过程中核查用语是否符合两票用语规范。

操作人员需参加每年定期举办的人员资质培训考试，通过后方可获得相应的两票资质认证。为杜绝实际工作中无资质人员成为工作票的“三种人”（即工作票签发人、工作负责人、工作许可人）或者操作票的“操作人”和“操作监护人”，在工作签发和操作环节需对人员资质进行核查；在实际操作过程中，操作对象错误是操作事故发生的重要原因之一，因此在操作环节需再次核实操作对象的正确性；当操作现场情况与两票内容不符而需重新办票时，工作人员需回到办公室重新开票，若能在现场办票将提高工作效率；另外，在两票填写过程中不规范的填写容易引起歧义，需对其设置相应的检查。

3.5.2.2 应用设计思路

物联网技术应用于两票操作规范化管理，通过下沉管理重心将规范化操作融入每项操作步骤中，实现工作环节的可监测管理。两票操作规范化管理场景架构如图 3－16 所示。

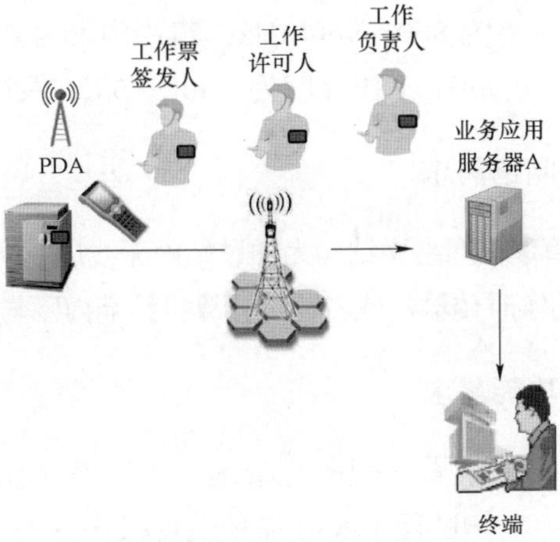

图 3－16　两票操作规范化管理场景架构

在实际操作步骤中，工作人员根据计划发起工作票，工作票的签字审核过程通过员工 RFID 电子签名实现，通过与后台人员资质管理系统集成以进行作业资质判断，若该工作人员不具备资质则无法进行审核签字。在两票执行过程中通过扫描作业设备的 RFID 标识，对两票填写的操作对象与现场实际操作对象进行一致性检查，在操作票执行过程中及时录入操作步骤，并通过无线网络回传后方。

在规范性检查中，进行工作重叠判断，例如，确保一个工作负责人在同一许可工作时段内仅持有一张工作票；另外，进行填写规范判断，按照两票填写规范对所填写内容进行判断，如两票的标准用语、计划工作时间是否超出计划停电时间。

操作人员用手持式 PDA 通过无线网络实时回传作业现场图片及视频，同时增加后方对操作关键环节的监控。

3.5.2.3 感知层硬件需求

感知层硬件需求主要包括手持式 PDA 和无源标签（包括员工 ID 卡和设备实物标签），其主要硬件参数如下：

（1）手持式 PDA。支持 3G/GPRS，上行/下行速度为 1000kbit/s；工作温度为－20～50℃，保存温度为－25～55℃，工作湿度为 10%～95%（非冷凝）；内置条形码扫描器或扫描引擎，屏幕尺寸大于 10in；质量小于 1000g，续航时间大于 5h（在每分钟扫描、信息收发 5 次的情况下）；带背光，强光下可见；具备可扩展卡槽，配备车载充电器和备用电池；电池更换时，系统数据备份可保持 20min；可承受 1.2m 高度跌落至水泥地面；支持串口/UBS 调试，方便二次开发。

（2）无源标签。频率为 860～960MHz；芯片协议为 EPC Class－2 Gen2；读写距离最远 5m；RPC 为 96B；工作温度为－30～85℃，保存温度为－40～150℃。

3.5.2.4 网络层网络需求

两票操作规范化管理在网络层结构为通过站内无线局域网的方式实现 PDA 与后方应用服务器间数据的实时传输，或者通过计算机终端内网与后方应用服务器相连。

3.5.2.5 应用层功能需求

物联网技术应用于两票操作规范化管理，主要系统功能需求有：电子签名与员工资质绑定功能；工作过程中实时记录现场操作过程，通过设备 RFID 标签再次确认操作对象；两票用语规范检查。

（1）电子签名与员工资质绑定功能。工作人员根据计划发起工作票，并对工作票进行签字审核：通过读取员工 RFID 标签获得“员工号”字段，并检查“员工资质表”核查该员工是否能进行相应签字，若无该资质则提示“无此资质，请参与相关资质审核”，若有该资质则在相应栏目签署员工电子签名。

（2）操作对象确认功能。在依据操作票进行现场操作前，读取设备 RFID 标签获得“设备编号”，将设备编号与操作票中的操作对象“设备编号”进行对比，若“设备编号”一致则发出正确提示音，若不一致则发出警报提示音。

（3）两票用语规范检查。在系统中建立标准用语库，采用“断开”“合上”“投上”“取下”“短接”这类标准词汇；对“一个工作负责人同一许可工作时段持有两张或以上的工作票”的情况进行检查，凡签发第一张工作票后，在电子签名时检查“计划工作时间”。若时间段有重叠，则报错“工作重叠：一个工作负责人同一许可工作时段持有两张或以上的工作票”。

3.5.3 智能配电房设备台账监控

3.5.3.1 应用需求分析

随着电子化移交流程支撑电网的业扩工单信息化，构建“站线变户”的数字电网。但因业务冲突、新旧系统数据迁移、系统设计问题、操作等问题，“站线变户”数据质量问题突显。近年来通过传统的数据质量校验手段提升了系统数据的完整性、合规性、一致性，但因缺乏技术手段，实现台账信息与现场实物的比对，低压拓扑关系缺乏应用验证等原因，数据质量准确性提升存在瓶颈，目前取得成效甚微。

站线变户数据的质量，直接影响营配信息集成的业务协同，如实现客户报修准确定位、配电网故障快速研判、停电计划科学制定、同期线损实时统计、供电可靠性等业务，提高站线变户数据质量就是在为日常各业务部门高效经营决策和提升优质服务提供坚实可信的数据资源。

3.5.3.2 应用设计思路

通过物联网技术建立智能配电房设备台账监控系统，实现物资、设备、资产的智能台账管理。智能配电房设备台账监控场景架构如图 3－17 所示。

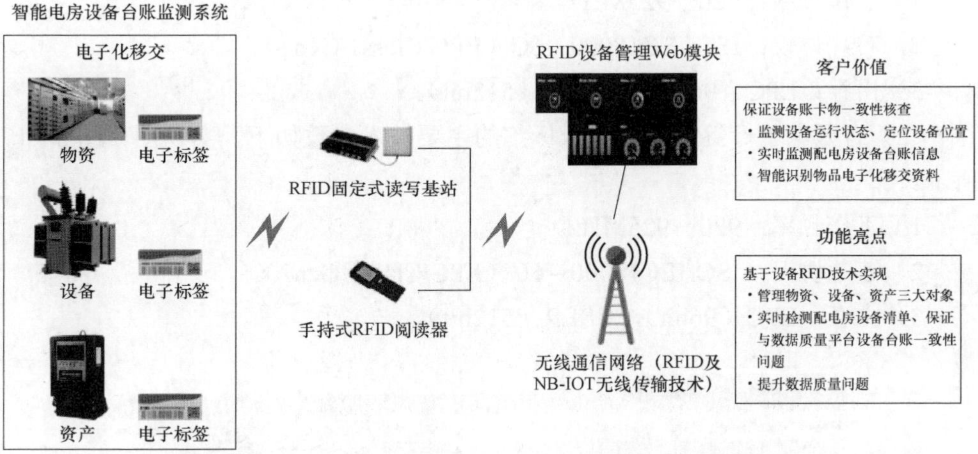

图 3－17　智能配电房设备台账监控场景架构

将基于实物标识的物联网技术应用于智能配电房设备台账监控，主要是在物资、设备、资产上粘贴 RFID 标签，通过配电房内的接收天线及无线通信网络，管理人员实时获知设备台账清单，通过生产系统与数据质量平台台账进行校对，智能识别设备台账一致性问题，提升数据质量。

智能配电房设备台账监控应用点基于实物标识的物联网技术体系框架包括感知层、网络层和应用层。感知层主要有有源 RFID 标签和阅读天线，在物资、设备、资产上粘贴 RFID 标签，由物资系统在电子化移交环节通过标签记录设备的编码、规格型号及关键技术参数等信息，RFID 标签以一定频率向外发送信息，巡检人员可通过手持式 RFID 阅读器读取到相关信息；也可以通过后台指令由 RFID 固定式读写基站发送信号，主动读取 RFID 标签内的信息。在网络层，阅读器天线将接收到的信息通过配电房的无线局域网或者移动通信网络上传到系统服务器，进行数据交互。在应用层，应用服务器获取上传的 RFID 设备台账管理模块存储信息，并提供台账查询、预警、分析、统计等功能，以实现对智能配电房设备台账清单的实时监控与管理。

3.5.3.3 感知层硬件需求

对于感知层，该场景需要部署电子标签、标签打印机及标签阅读器等硬件。

（1）无源电子标签。无源电子标签的主要技术参数如下，实物图如图 3－18 所示。

1）工作频率：920～925MHz。

2）芯片协议：ISO/IEC18000－6C（EPC Class1 Gen2）。

3）内存：EPC（96bit），USER（512bit）。

（2）有源电子标签。有源电子标签的主要技术参数如下，实物图如图 3－19 所示。

1）工作频率：920～925MHz。

2）芯片协议：ISO/IEC18000－6C（EPC Class1 Gen2）。

3）内存：EPC（96bit），USER（512bit）。

图 3－18　无源电子标签

图 3－19　有源电子标签

（3）RFID 标签打印机。RFID 标签打印机的主要技术参数如下，实物图如图 3－20 所示。

1）打印方式：热转印和热敏。

2）最大分辨率：600dpi/203dpi。

3）存储：256MB 内存，512MB 闪存/8MB 内存，8MB 闪存。

4）条形码类型：RFID 标签。

（4）RFID 固定式读写基站。RFID 固定式读写基站主要用于设备的批量管理等，主要技术参数如下，实物图如图 3－21 所示。

1）工作频率：902～928MHz。

2）天线接口：2 个 TNC。

3）标签识读率：>190 个标签/s。

4）标签识读距离：>30ft（9m）采用 6dBi 天线（36dBi ERP）。

图 3－20　RFID 标签打印机

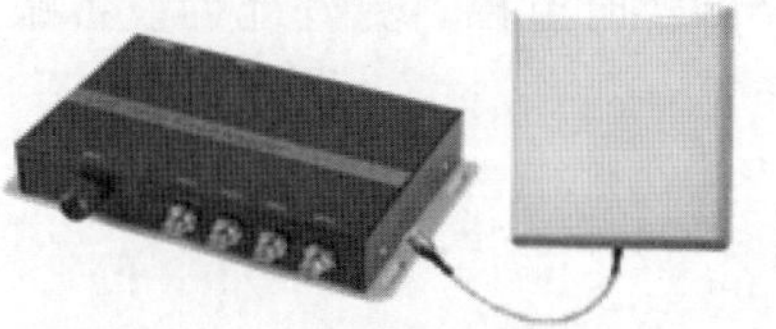

图 3－21　RFID 固定式读写基站

（5）手持式 RFID 阅读器。手持式 RFID 阅读器主要技术参数如下，实物图如图 3－22 所示。

1）操作系统：Windows CE.Net6.0 简体中文版。

2）液晶显示：2.8in 彩色 TFT－LFT－LCD 320×240px，带触摸屏。

3）扩展存储：SD 卡最大支持 4GB。

4）电池：4400mAh 锂电池。

图 3－22　手持式 RFID 阅读器

3.5.3.4　网络层网络需求

对于网络层，无源 RFID 电子标签接收阅读器发出的射频信号，凭借感应电流所获得的能量发送存储在芯片的信息，而有源 RFID 电子标签主动发送传输频率的信号。RFID 固定式读写基站读取信息并解码后通过智能配电房光纤网络把标签信息上传到系统服务器，而手持式 RFID 阅读器通过无线网络或者移动通信网络上传到系统服务器。

3.5.3.5 应用层功能需求

RFID 设备台账管理模块监控的主要应用有：

（1）管理人员可通过系统，实时查询各配电房设备台账的信息，包括物资编码、具体规格型号、关键技术参数及设备清单的数量，作为现场设备台账对照的依据。

（2）实时对设备台账进行监控，确保现场台账清单与数据质量平台数量一致，否则，系统自动做出预警，提醒管理人员设备台账一致性的问题。当然，在对管理人员进行日常巡检时，需要将配电房设备 RFID 标签粘贴情况、标签信息准确率作为数据质量考察评分的一部分，以保障智能配电房设备清单数据的准确性。

（3） 类似应用也可以应用于配电房管理的重要设备的监控，针对物资、设备、资产的实时监控，更好地为设备账、卡、物的一致性提供依据。

第4章

物资域物联网应用

4.1 应 用 蓝 图

基于电网企业物资域的实际业务应用需求，并结合国内外物联网技术的成功应用案例，对电网企业物资域共设计 8 个物联网应用场景，组成电网企业物资域的物联网应用蓝图，如图 4－1 所示。

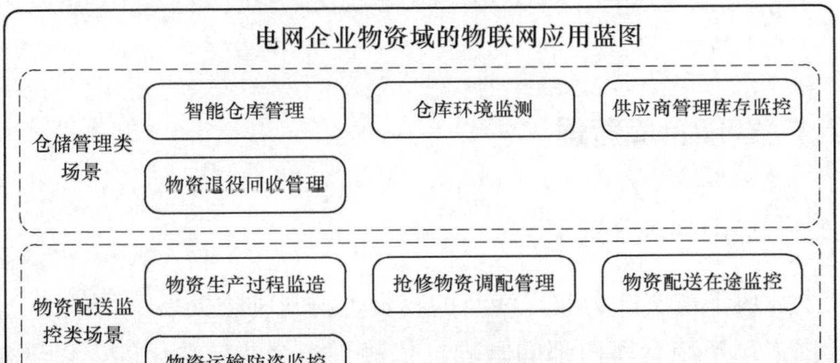

图 4－1　电网企业物资域的物联网应用蓝图

物联网在电网企业物资域的应用，主要归纳为仓储管理类场景和物资配送监控类场景两大类。

（1）仓储管理类场景。该类别包含智能仓库管理、仓库环境监测、供应商管理库存监控、物资退役回收管理 4 大场景。

仓储管理类场景主要是通过有源或无源的 RFID 标签对物品的仓储全生命周期进行管理，包括资产的采购需求发起、资产入库、资产出库、资产盘点、资产退役等环节的管理，并且可运用物联网技术通过环境监测（如温度、湿度、水位等）传感器对仓库环境变量进行采集，保障物资具备良好的储存环境。该类场景的特点是资产状态相对静态，只需对资产的某个节点进行监控管理。

对于电网企业而言，智能仓储管理可以从整体规范出发，建设一套全流程的资产管理体系，也可以针对某个物资管理环节而选择具体单一的组网场景进行规划部署。

（2）物资配送监控类场景。该类别包含物资生产过程监造、抢修物资调配管理、物资配送在途监控、物资运输防盗监控 4 大场景。

物资配送监控类场景主要是通过 GPS、RFID 等技术对物资进行过程监控，该类场景的特点是资产状态相对动态，需要对物资的移动轨迹进行可靠的监测，掌握物资的实时位置。电网企业可以根据资产管理的实际需求而选择具体的场景进行应用。

4.2 仓储管理类场景

4.2.1 智能仓库管理

4.2.1.1 应用需求分析

电网企业属于重资产企业，涉及的物资、材料种类繁多。传统的仓库管理，一般完全由人工实施仓库内部的管理，依赖于一个非自动化的、以纸张文件为基础的系统来记录、追踪进出的货物。但由于货物类型繁多，采用人工计数出入库、清点的方式，差错率非常高，难以保证收货、验收及发货的正确性和账实的一致性。同时，手工管理的方式费时、费力，不能为管理者提供实时、快速、准确的仓库作业和库存信息。因此，传统方式下的仓库管理效率极其低，所能管理的仓库规模也较小。传统的仓储主要存在以下痛点：

（1）资产管理手段滞后。

1）依靠人工来进行盘点，盘点正确率较低。

2）管理手段滞后、管理效率低。

3）后期数据统计和报表制作工作量大。

4）盘点管理周期长。

（2）资产管理责任制不完善。

1）导致资产利用率低。

2）容易出现重复购置。

3）资产流失。

（3）资产分散难以管理。

1）资产数量庞大、地域分散，信息不准确。

2）业务管理人员难以及时了解资产状态。

（4）无法实现实时监管。

1）无法实时查询资产当前实际状态。

2）无法快速进行预算审批、业务审批、领导决策等。

随着电力技术的不断发展和工作范围的不断扩大，电力涉及的物资、材料种类和出入库频率不断增加，仓库管理作业更加复杂多样，传统的人工仓库作业模式和数据采集方式难以满足仓库管理的快速、准确要求，严重影响了电网企业的运行工作效率。因此，引入基于实物标识的智能仓库管理系统，对仓库到货、入库、出库、调拨、移库移位、库存盘点等各个作业环节的数据进行自动化的数据采集，提高数据收集的准确性和效率，在整个环节中提高工作效率。

基于 RFID 资产管理系统构建的智能仓库管理，可以实现快速资产盘点与管理，具备可远程批量识别、不怕污损、数据可读写等特点。

4.2.1.2　应用设计思路

将基于实物标识的物联网技术应用于智能仓库管理，主要是通过阅读终端读取库存物资、材料的标签信息，并通过后台应用系统的智能决策，快速、准确地办理入库、出库、调拨转库、退货、盘点等仓库管理业务，为管理者提供实时、快速、准确的仓库作业和库存信息。智能仓库管理场景架构如图 4－2 所示。

智能仓库管理的物联网技术架构体系包括感知层、网络层和应用层。感知层采用条形码标签、RFID 标签及阅读器，资产级设备生产完毕后由供应商为其粘贴 RFID 标签，其余附属设备则到货后由仓库作业人员为其粘贴条形码标签，作业人员用终端阅读器读取标签以获取标签编码及物资、材料的基本信息，通过网络与服务器交互，获取其他信息，完成入库、出库、调拨转库、退货、盘点等业务操作。在网络层，阅读器等设备终端将数据通过作业场所的无线局域网传给站内路由器，再经由专网上传至应用服务器，或直接通过移动通信网络上传至服务器，进行数据交互；对于作业场所无网络的情况，作业结束后用工作计

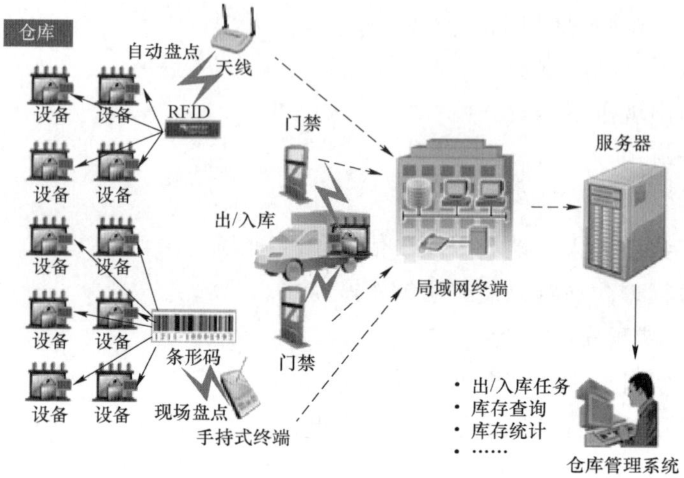

图 4－2　智能仓库管理场景架构

算机通过专网上传至服务器。在应用层，应用服务器获取设备终端上传的信息，提供信息辅助，进行入库、出库、调拨转库、退货、盘点、仓库主数据维护等操作。

智能仓库管理的主要应用有：

（1）入库。当作业人员收到入库任务单时，对于已贴标签的物资，利用手持式终端进行收货；对于尚未贴标签的物资入库验收无误后，将条形码标签贴在指定位置，再使用手持式终端把相关入库信息写入，根据提示信息上架，完成入库操作。

（2）盘点。盘点作业可分为两类：一类是利用手持式终端进行实地盘点，通过手持式终端读取物资的 RFID 标签信息，或扫描条形码信息进行盘点；另一类则是无人实时盘点，对于安装了 RFID 自动接收天线的仓库，天线自动读取库存物资的 RFID 标签进行实时盘点。

（3）出库。作业人员利用手持式终端读取资产信息，根据提示信息进行出库操作，出口处 RFID 门禁装置可实时判断出库是否异常。

（4）调拨转库、退货。作业人员利用手持式终端下载相应作业计划，并读取物资标签信息，系统自动匹配是否符合计划，作业人员根据提示信息完成转库、退货上架等操作。

如有需要可以在仓库出入口处安置一块大屏幕，实时显示读取的标签及任务信息，以便操作人员确认操作。整个 RFID 读写平台从服务器获取信息、写入标签信息，大屏幕显示耗时 1～3s，操作成功后声光提示。

4.2.1.3　感知层硬件需求

该场景需要部署电子标签、标签打印机及标签阅读器等硬件，主要说明如下：

（1）无源电子标签。无源电子标签的主要技术参数如下，实物图如图 4－3 所示。

1）工作频率：920～925MHz。

2）芯片协议：ISO/IEC18000－6C（EPC Class1 Gen2）。

3）内存：EPC（96bit），USER（512bit）。

（2）有源电子标签。有源电子标签的主要技术参数如下，实物图如图 4－4 所示。

1）工作频率：920～925MHz。

2）芯片协议：ISO/IEC18000－6C（EPC Class1 Gen2）。

3）内存：EPC（96bit），USER（512bit）。

图 4－3　无源电子标签

图 4－4　有源电子标签

（3）RFID 标签打印机。RFID 标签打印机的主要技术参数如下，实物图如图 4－5 所示。

1）打印方式：热转印和热敏。

2）最大分辨率：600dpi/203dpi。

3）存储：256MB 内存，512MB 闪存/8MB 内存，8MB 闪存。

4）条形码类型：RFID 标签。

（4）RFID 固定式读写基站。RFID 固定式读写基站主要用于设备的批量管理等，主要技术参数如下，实物图如图 4－6 所示。

1）工作频率：902～928MHz。

2）天线接口：2 个 TNC。

3）标签识读率：＞190 个标签/s。

4）标签识读距离：＞30ft（9m）采用 6dBi 天线（36dBi ERP）。

图 4－5　RFID 标签打印机

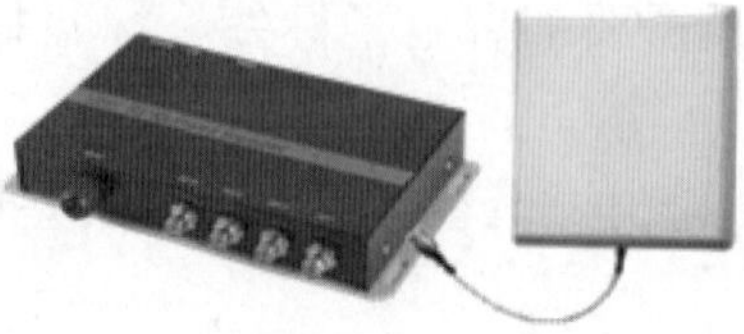

图 4－6　RFID 固定式读写基站

（5）RFID 固定式检测门。RFID 固定式检测门主要用于资产的批量入库及出库管理，主要技术参数如下，实物图如图 4－7 所示。

1）工作频率：920～925MHz。

2）最大功率：30dBm。

3）识别能力：6m 距离每秒 200 枚标签。

4）通信接口：USB，RJ45、RS232、GPI0 输入、Wi－Fi。

（6）手持式 RFID 阅读器。手持式 RFID 阅读器主要技术参数如下，实物图如图 4－8 所示。

1）操作系统：Windows CE.Net6.0 简体中文版。

2）液晶显示：2.8in 彩色 TFT－LFT－LCD 320×240px，带触摸屏。

3）扩展存储：SD 卡最大支持 4GB。

4）电池：4400mAh 锂电池。

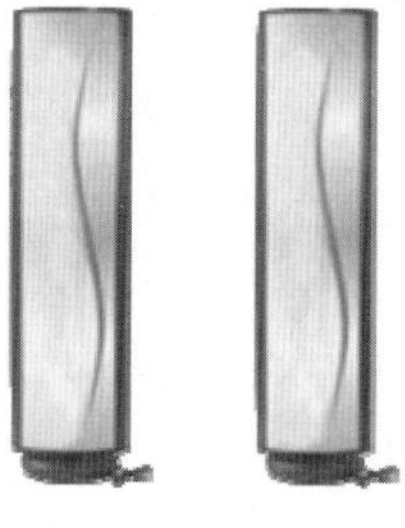

图 4－7　RFID 固定式检测门

图 4－8　手持式 RFID 阅读器

4.2.1.4　网络层网络需求

智能仓库的网络层结构为无线局域网或者移动通信网络：对于无线局域网，阅读器等终端设备通过无线局域网与无线网络终端连接，无线网络终端通过内网与后台应用服务器连接；对于移动通信网络，阅读器等终端设备直接通过移动通信网络与应用服务器连接；对于无网络的作业场所，作业结束后通过工作计算机由内网与后台应用服务器连接。

在此过程中要求作业场所的无线局域网或移动通信网络通信范围能覆盖整个作业场所，传输速率能支持作业场所内所有终端设备同时与系统终端间进行数据传输，支持无线局域网络标准 IEEE 802（对于无线局域网），支持常见的网络传输协协议；作业场所终端与应用服务器间基于已有内网进行通信。

4.2.1.5　应用层功能需求

该场景需要构建基于 RFID 的智能仓库管理模块，主要实现的功能如图 4－9 所示。

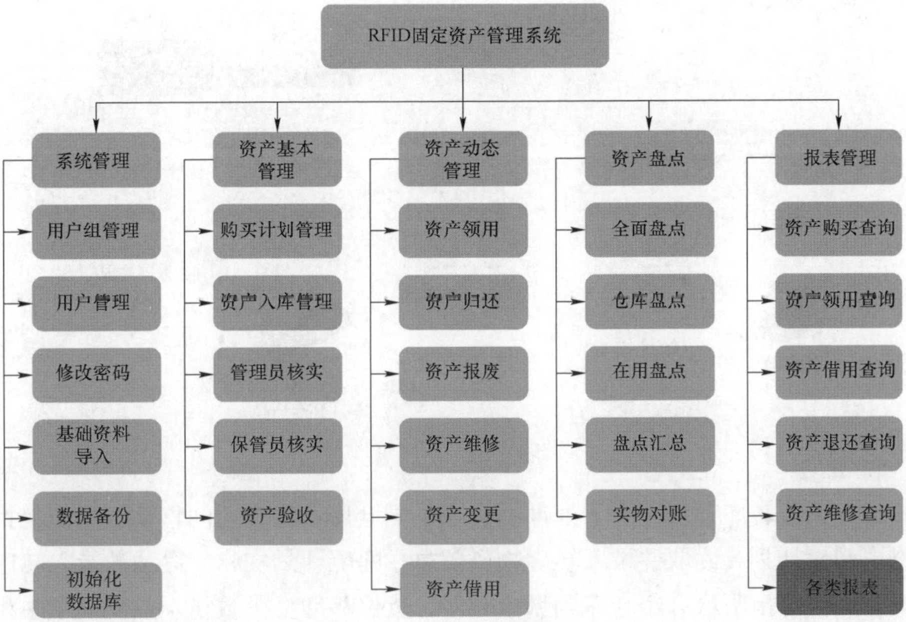

图 4－9　管理系统功能模块

智能仓库管理系统采用先进的实物标识技术，可以实时监控每个设备的状态及流向，真正实现设备的信息化动态管理，提高工作效率。该管理系统主要有如下功能需求：

（1）入库管理。用于处理正常入库操作，作业人员利用终端设备登录企业级资产管理系统，进入物资入库界面，单击“下载入库计划”按钮下载物资入库计划。“入库计划”表单包括入库物资“货号”“入库数量”“供应商或车间”“批号”“件号”等基本信息。对于已贴 RFID 标签的物资，用终端设备读取其 RFID 标签，系统将与标签编码对应的物资信息存入“入库清单”表单中，对于未贴 RFID 标签的物资则通过终端设备人工记录，并打印物资对应的条形码。系统核实是否按计划入库，匹配“入库计划”表单与“入库清单”表单中的“货号”“数量”是否相符，若异常则给予警告。两者匹配后系统提示入库物资的“仓库”“货位”等预留信息，作业人员据此进行入库上架操作；若无预留信息，作业人员按实际情况入库上架后，用终端设备补充其“仓库”“货位”等信息。操作完成后扫描仓位条形码，单击“确认入库”，同时改变库存状态，即库存物品的数量、阶段信息和历史信息，完成入库操作。系统能打印物资条形码、转仓单、入库单。入库管理如图 4－10 所示。

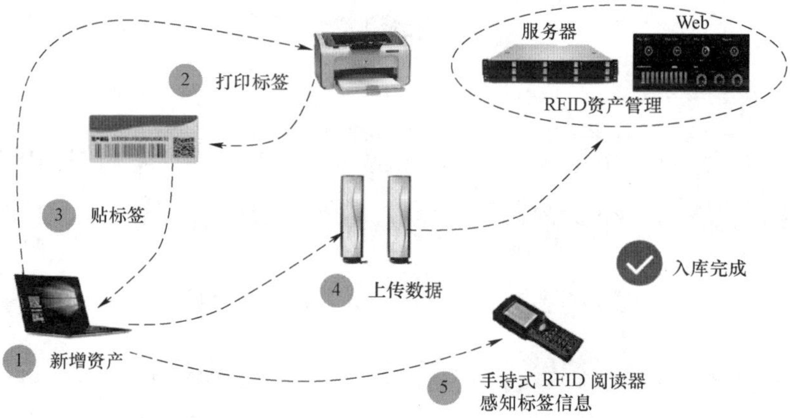

图 4－10　入库管理

（2）调拨转库管理。用于处理物资在不同仓库、货位之间移动，操作包括下载物资转库计划、读取并录入转库物资信息、匹配计划实物、提示并录入转库信息等。操作时指明从哪个仓库到哪个仓库、货位移动多少数量，改变程序中相应仓库、货位的使用信息，并打印物资条形码、转仓单、转库单，录入操作结果。移库信息录入后如发现错误可以修改。调拨转库管理如图 4－11 所示。

（3）在库盘点管理。根据用户选择的盘点方式和盘点周期，结合盘点历史数据自动生成盘点计划，也可以人为设定和修改盘点计划。盘点开始前，将盘点计划中的物品或仓库设置为盘点状态，该物品在盘点期间不能进行入、出库或移动操作。盘点人员下载盘点计划后，使用终端设备以读取 RFID 及条形码的标签信息进行在库盘点。如果盘盈和盘亏数据在容许范围内，则自动进行调库处理，否则将提醒用户特别确认。盘库结果写入历史数据库，形成盘点差异分析表，专责对库存的准确性进行分析以明确是否需要进入重盘流程。对于需要补贴物资标签的项目，经过发标流程后由库管人员进行贴标。

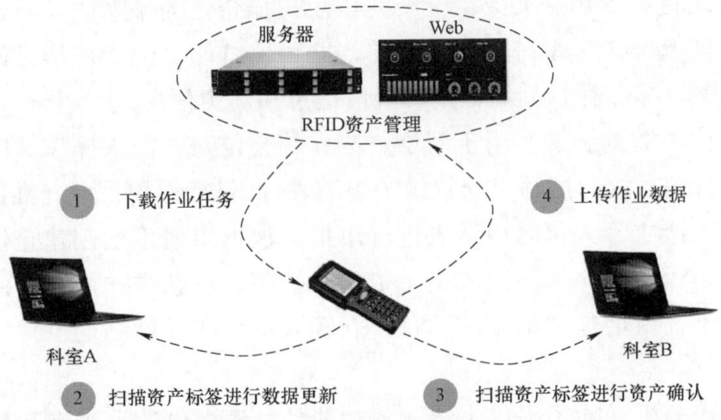

图 4－11　调拨转库管理

（4）出库管理。用于处理正常出库操作，作业人员利用终端设备登录企业级资产管理系统，进入物资出库界面，单击“下载出库计划”按钮以下载物资出库计划。“出库计划”表单包括出库物资“货号”“出库数量”“存放仓库”“货位”“客户代码”“运输部门”等基本信息，作业人员下载“出库计划”后，根据“存放仓库”“货位”信息查找相应物资并进行拣配。拣选完毕后扫描仓位条形码，单击“确认”以确认转库单。在出、入口门禁装置处，作业人员扫描出库单条形码以获取该项“出库计划”，同时门禁系统自动读取出库物资的 RFID 标签，将信息录入“出库清单”表单中，系统核实是否按计划出库，匹配两者“货号”“数量”字段是否相符，并对异常项给予警告。针对门禁系统漏读的异常项，作业人员用手持式设备重新读取，作业人员根据提示信息排查其他异常项，门禁系统确认无误后完成出库操作，同时改变库存状态，即库存物品的数量、阶段信息和历史信息。系统能打印物资条形码、转仓单、出库单。

（5）领用部门退货。用于处理领用部门将物资退货的操作，作业人员利用终端设备登录企业级资产管理系统，进入物资退货界面，单击“下载物资退货计划”按钮。“物资退货计划”表单包括退货物资“货号”“退货数量”等基本信息；作业人员收到退货物资后用终端设备扫描退货物资的标签，系统将“货号”“数量”等基本信息录入“退货清单”表单，并匹配“物资退货计划”表单与“退货清单”表单中的“货号”“数量”等字段是否相符，针对异常项给予警告。两者匹配时，作业人员确认退货数量无误后，单击“确认”，系统生成物料凭证。同时，系统生成转仓单并打印，作业人员扫描转仓单标签以获得“仓位”等信息，据此将退货物资上架。上架完毕后扫描仓位的条形码，单击“确认转仓”以确认转仓操作，系统生成退货单，并可供打印。退货完毕后改变退货物资的库存状态，即库存物品的数量、阶段信息和历史信息。

（6）仓位主数据维护。用于新增、废弃等仓位维护需求操作。库管人员根据需求进入管理系统，填写“仓位维护申请表”，包括维护目标、维护操作、维护原因等。上级主管人员对申请表进行审批，根据申请手工创建仓位，库管人员检查数据是否正确，如不正确由主数据维护部门重新维护，在投入使用时解冻仓位。对于需新增仓位标签的项目，仓管人员打印并粘贴仓位标签，投入使用时解冻仓位。

（7）统计分析。除了提供上述业务功能外，还提供数据查询和数据统计报表分析功能，包括货物信息查询、储位状态查询、货物信息查询、货物清单输出等。

（8）系统配置管理。提供对系统中所有可变参数的设置功能，通过参数化设置可以配置库存管理各个环节的参数，满足仓库的实际业务。数据录入错误允许修改。

4.2.2 仓库环境监测

4.2.2.1 应用需求分析

电力物资中以计量设备为代表的部分物资设备对于存储环境的条件较为敏感，存储环境会影响计量设备安装后的计量精确程度及校验年限，进而影响使用效率。业务面临的痛点主要归纳如下：

（1）计量设备的存储环境包括存储温度和湿度等因素对于计量设备的存放非常重要。良好的存储环境能最大限度地延长计量设备安装后的计量精确程度和校验年限，保证电能计量的正常进行；相反，如果计量设备长期在异常环境下存储，会加速损耗，造成安装后计量精确程度的下降及校验年限的减少。为了保证计量设备长期在正常合适的环境下存储，就必须加强对仓库环境，特别是计量设备专用仓库环境的监测。

（2）目前，电网企业对仓库环境监测的手段主要是通过在仓库的出入口处放置温度计、湿度计等工具，测量仓库内部温度、湿度等环境参数。仓库作业人员定时到仓库现场记录测量值，并根据测量值采取仓库环境调控措施。在此过程中，由于不能对现场环境进行实时监控，因而对于仓库环境的突然变化，无法做出及时的反应，造成对于仓库环境的调控措施的滞后，扩大环境对设备影响的风险。因此，应该加强对仓库环境的实时监测，并提供仓库环境自动调整功能，实现对仓库环境的远程监控。

4.2.2.2　应用设计思路

将基于实物标识的物联网技术应用于库存环境监测，主要是在计量设备等物资仓库各关键监测点粘贴配有传感器模块的有源 RFID，通过接收天线及无线通信网络，实时监控仓库的温度、湿度等信息，并对监控范围进行预警，加强对仓库环境的监控。仓库环境监测场景架构如图 4－12 所示。

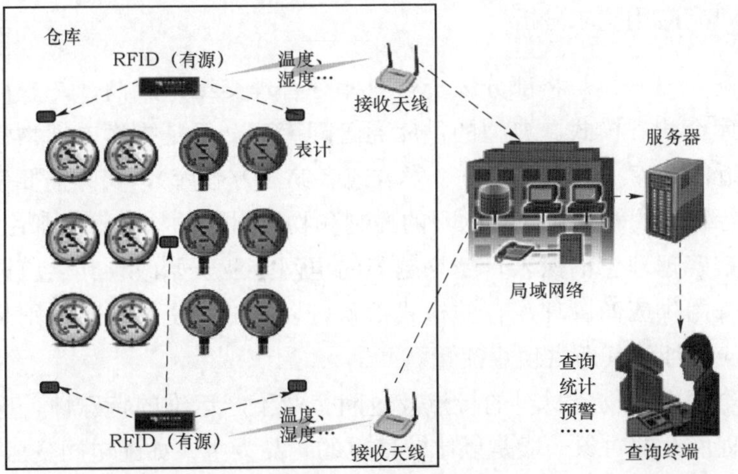

图 4－12　仓库环境监测场景架构

仓库环境监测应用点基于实物标识的物联网技术架构体系包括感知层、网络层和应用层。感知层包括在仓库各关键监测点上粘贴的有源 RFID 标签和仓库内分散布置的 RFID 接收天线。RFID 标签带有温、湿度传感器及传感模块，采集仓库的温、湿度等环境信息，并将环境监测信息以一定的时间间隔向外发送给 RFID 接收天线。在网络层，采用仓库内部的无线局域网，通过内部网络与服务器相连接。在应用层，系统能够记录通过无线局域网发送的仓库环境信息，并根据设定的范围进行预警，以实现对库存环境的实时监测与管理。此外，系统还具有对环境数据进行分析统计的功能。

基于以上物联网技术架构体系，仓库环境监测应用点主要实现以下应用：

（1）仓库环境历史数据监控。通过扫描某监测点配有传感器模块的 RFID 标签，可以查询该监测点的仓库环境历史数据。

（2）仓库环境实时监控。带有环境传感器的有源 RFID 标签实时回传监测点的环境参数，在终端系统上设置环境参数范围，一旦环境参数超出所设置范围，即进行预警，并可以通过电子邮件、短消息等方式发送预警信息，以便及时采取调控措施。

（3）统计分析仓库环境历史数据。记录通过无线局域网发送的仓库环境信息，能够对仓库环境常年变化进行统计和分析。

4.2.3 供应商管理库存监控

4.2.3.1 应用需求分析

供应商管理库存是将部分物资材料库存管理交给供应商，是一种在供应链环境下的库存管理模式。典型的供应商管理库存一般是指卖方把物资材料存放在买方附近的仓库（可以是买方、卖方或者第三方仓库），买方需要使用物资材料时才进行物权的转移，库存水平的控制和物资材料的物理管理都由卖方负责。随着供应链管理理念的深入，越来越多的电网企业开始改善其供应链。其中，电网企业采用供应商管理库存的模式，就可以降低物资材料，特别是重要备品备件的供应周期及其所占现金流量。

基于电网企业物资材料的特点及电网企业生产运维的特殊性，电网企业的供应商管理库存的对象一般是以比较贵重的备品为主，如配电网变压器。然而，即使采用供应商管理库存的模式，对于电网企业来说，安全供电可靠性必须放在第一位，因此电网企业自身也需要对供应商管理库存进行监控，确保供应商按照合同约定执行。此外，因为现阶段电网企业设备的规格种类相当复杂，不可能完全按照现有设备储备完整的备品库存，只能根据一些规格替代及集聚效应进行储备，所以电网企业在使用这些备品时需要第一时间了解其规格和参数等条件，以便进行合理的安排。

那么，对于电网企业来说，一份完整、准确、实时的供应商管理库存信息就非常重要了。目前，对于类似的信息交互，主要是通过 Excel 电子表格的方式进行，在这种情况下，信息数据的质量往往得不到保证。即使采用更为先进的EDI 数据交换的方式，也会因为是周期性的被动更新方式，无法做到完全实时、主动监控的效果，导致数据信息与现场实物可能出现不相符。因此，对于供应商管理库存监控，需要更加智能化的手段进行管理。

4.2.3.2　应用设计思路

将基于实物标识的物联网技术应用于供应商管理库存监控，主要是在重要的供应商管理库存的备品上粘贴有源 RFID 标签，通过仓库内的接收天线及无线通信网络，管理人员实时获知供应商管理库存的规格型号、技术参数及数量，以提高在应急抢修时对备品物资需求的反应速度。供应商管理库存监控场景架构如图 4－13 所示。

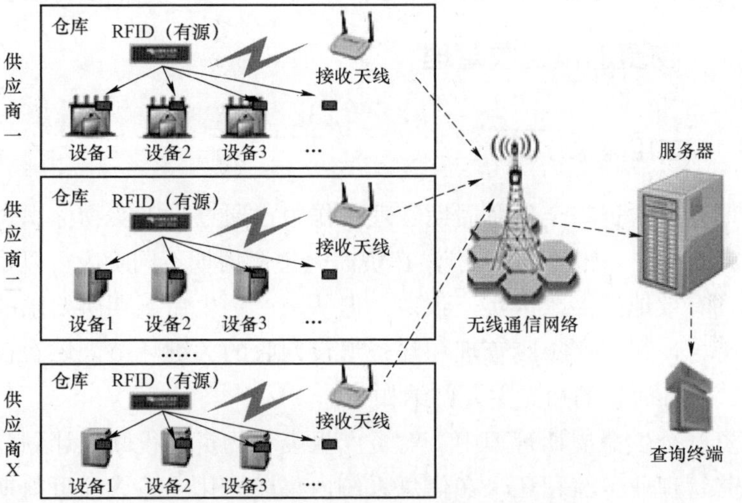

图 4－13　供应商管理库存监控场景架构

供应商管理库存监控应用点基于实物标识的物联网技术体系框架包括感知层、网络层和应用层。感知层主要有有源 RFID 标签和阅读天线，在重要的供应商管理库存的备品上粘贴有源 RFID 标签，由供应商在标签内记录备品的编码、规格型号及关键技术参数等信息，有源 RFID 标签以一定频率向外发送信息，安装在附近的阅读器天线可读取到相关信息；也可以通过后台指令由阅读天线发送信号，主动读取有源 RFID 标签内的信息。在网络层，阅读器天线将接收到的信息通过仓库的无线局域网或者移动通信网络上传到系统服务器，进行数据交互。在应用层，应用服务器获取上传的供应商管理库存信息，并提供查询、分析、统计等功能，以实现对供应商管理库存的实时监控与管理。

供应商管理库存监控的主要应用有：

（1）在应急抢修等项目产生物资需求时，管理人员可通过系统，实时查询各供应商管理库存的信息，包括物资编码、具体规格型号、关键技术参数及各仓库的库存数量，作为制定物资供应方案的依据。

（2）可以实时对供应商管理库存进行监控，确保供应商按照约定的条件执行供应商管理备品备件的库存管理。当然，在对供应商进行日常拜访时，需要将供应商管理库存仓库内备品的 RFID 标签粘贴情况、标签信息准确率作为供应商考察评分的一部分，以保障供应商管理库存数据的准确性。

（3）类似的应用也可以应用于自有仓库库存管理的重要设备、物资的监控，加强仓库自动盘点、重点物资的实时监控，更好地为物资供应方案提供依据。

4.2.4 物资退役回收管理

4.2.4.1 应用需求分析

在前期开展的资产全生命周期管理工作中，通过引入实物标识技术，在物资采购时就给资产一张“身份证”，在资产全生命周期不同阶段可以及时跟踪信息的变化，有效地提高账卡实一致率。但从资产全生命周期所要求的闭环管理标准方面考虑，在资产报废管理和物资退役回收的关键环节，还存在进一步完善的空间。业务面临的痛点主要归纳如下：

（1）资产全生命周期管理中，对资产报废和物资退役回收计划尚缺乏统一的管理，其管理业务流程还未在信息系统内集成固化，造成项目前期立项过程中涉及的资产报废信息与后期的报废审批脱节，资产管理部门无法及时有效地对资产报废进行前期的统筹管理和监控，也无法较好地对资产报废计划做事后的评估和分析，资产的使用效率有进一步提高的空间。因此，有必要预先规范好资产报废及物资退役回收管理工作，统一接口，对物资退役回收工作进行有效的统筹和评估。

（2）作业人员在报废设备资产的分拆回收过程中，由于管控不足，可能存在人员顺手牵羊或不按规范分拆造成资产损耗的情况，同时对于人员分拆工作缺乏指导说明，资产分拆的损耗率较大。因此，要加强对物资退役分拆过程的管控，提供分拆指导，并通过与回收计划做对比，评估回收工作，降低回收损耗率。

4.2.4.2　应用设计思路

通过基于实物标识的物联网技术对物资退役进行回收管理，主要通过预先编制资产报废计划及回收清单，在物资退役回收时通过扫描其 RFID 标签获得回收清单列表，并与实际回收资产做对比，达到对物资退役回收的监控管理。物资退役回收管理场景架构如图 4－14 所示。

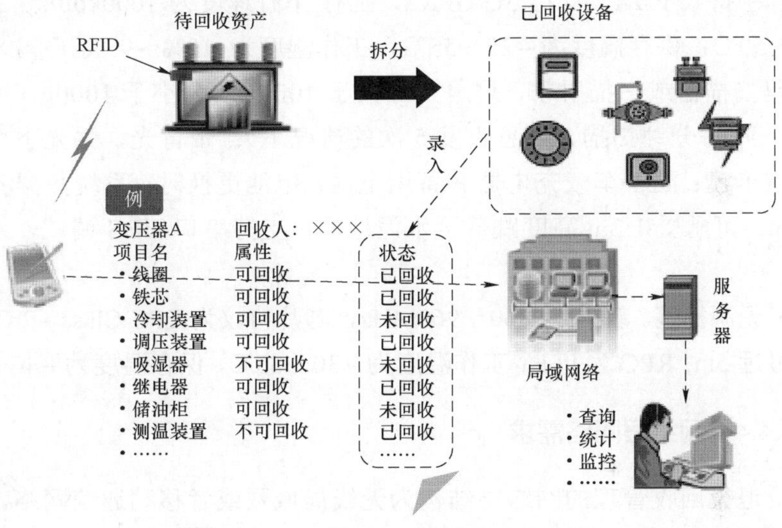

图 4－14　物资退役回收管理场景架构

物联网技术应用于物资退役回收管理的整体框架，包括感知层、网络层和应用层。感知层采用 RFID 标签及带标签读取功能的 PDA 终端，作业人员用 PDA 扫描物资退役的 RFID 标签，输入相关指令后通过网络连接服务器，PDA 显示物资退役回收清单，作业人员通过 PDA 输入实际回收记录，以完成回收作业；在网络层，PDA 终端将数据通过作业场所的无线局域网传给站内路由器，再经由专网上传至应用服务器，或直接通过移动通信网络上传至服务器，进行数据交互（对于作业场所无网络的情况，作业结束后用工作计算机通过专网上传至服务器）；在应用层，应用服务器获取 PDA 终端上传的数据或指令，进行更新数据库、下载数据等操作。

物联网技术在物资退役回收管理中的主要应用包括：

（1）在项目前期制定资产报废计划、回收清单，并在系统中集成固化，通过 RFID 标签即可读取，方便对资产报废及计划进行统一的安排和监控管理。

（2）在设备资产回收分拆过程中，通过将实物与回收清单进行对比，记录回收结果，达到对分拆过程的监控，降低分拆损耗率。

4.2.4.3 感知层硬件需求

基于实物标识的物联网技术应用于物资退役回收管理，其主要硬件参数如下：

（1）手持式 PDA。支持 3G/GPRS，上行/下行速度为 1000kbit/s，工作温度为−20～50℃；保存温度为−25～55℃，工作湿度为 10%～95%（非冷凝）；内置条形码扫描器或扫描引擎，屏幕尺寸大于 10in；质量小于 1000g，续航时间大于 5h（在每分钟扫描、信息收发 5 次的情况下）；带背光，强光下可见；具备可扩展卡槽；配备车载充电器和备用电池；电池更换时，系统数据备份可保持 20min；可承受 1.2m 高度跌落至水泥地面；支持串口/UBS 调试，方便二次开发。

（2）无源标签。频率为 860～960MHz，芯片协议为 EPC Class−2 Gen2，读写距离最远 5m；RPC 为 96B；工作温度为−30～85℃，保存温度为−40～150℃。

4.2.4.4 网络层网络需求

物资退役回收管理的网络层结构为无线局域网或者移动通信网络。对于无线局域网，PDA 终端通过无线局域网与无线网络终端连接，无线网络终端通过内网与后台应用服务器连接；对于移动通信网络，PDA 终端直接通过移动通信网络与应用服务器连接；对于无网络的作业场所，作业结束后通过工作计算机由内网与后台应用服务器连接。

在此过程中要求作业场所的无线局域网或移动通信网络通信范围能覆盖整个作业场所，传输速率能支持作业场所内所有 PDA 终端同时与系统终端间进行数据传输，支持无线局域网络标准 IEEE 802（对于无线局域网），支持常见的网络传输协协议；作业场所终端与应用服务器间基于已有内网进行通信。

4.2.4.5 应用层功能需求

将基于实物标识的物联网技术应用于物资退役回收管理，便于统筹资产报废计划、监控分拆过程，加强回收的分析评估工作。其主要有如下功能需求：

（1）统筹资产报废计划。项目前期，作业人员制定项目报废计划，包括“设备号”“资产号”“报废时间”“原值”及“详细技术参数”等。设备回收过程中，作业人员用 PDA 扫描设备的电子标签，即可获知其权限内的报废信息，以达到对资产正常使用情况的及时监控。系统每月汇总“报废时间”字段为下月的资产进行公示，并发送提醒给管理员，对资产的报废情况及时跟进。

（2）细化回收分拆过程的监控。项目前期，通过分析资产的组成，参考资产台账及维修等信息，定义全部可回收的内容，并制定资产“回收清单”表单。回收清单包括“项目名”“属性”“状态”“回收要求”“备注”等字段，其中“项目名”指该资产分拆后的组成项目，“属性”包括“可回收”和“不可回收”两种，“状态”包括“已回收”和“未回收”。作业人员扫描资产 RFID 标签，即可获知该资产的组成及其回收要求。回收人员按“回收要求”对资产进行分拆后，核对“属性”字段为“可回收”的资产组成是否已全部回收，将已回收项目的“状态”写为“已回收”，对于未成功回收的项目则写为“未回收”，并在“备注”字段里解释未成功回收的原因，以完成资产的回收工作。

（3）加强资产回收工作的分析与评估。后台管理系统定期对资产回收工作进行分析评估，通过统计所有回收项目中，“状态”字段为“已回收”的项目占所有项目的百分比，得出“资产回收率”；统计“属性”字段为“可回收”的项目中，“状态”字段为“未回收”的项目占全部可回收项目之比，得出“分拆损耗率”。系统统计每月“回收率”较低及“分拆损耗率”较高的资产类型、回收人员等，对其给予重点关注，以此对资产报废及回收工作做分析与评估。

4.3　物资配送监控类场景

4.3.1　物资生产过程监造

4.3.1.1　应用需求分析

采购设备与材料的质量直接影响电网的安全可靠运行和项目的正常开展。因此在设备材料的生产过程中，应加强设备、材料的监造管理与控制，规范设备监造行为，促进设备、材料制造单位严格执行产品技术标准。业务面临的痛点主要归纳如下：

监造工作的开展是根据设备、材料供货合同的要求，依据监造作业指导书对设备、材料在制造过程中的工艺流程、制造质量及制造单位执行质量管理体系等进行监督。在实际监造工作中，监造人员需要携带监造标准等文书表单，据此填写监造执行情况，文本管理的方式对于监造是否按计划进行、监造过程是否规范等缺少事中监控，对于监造人员的工作疏漏、不规范等操作缺乏提醒机制，也不便于对作业人员监造工作的统计分析；对于工作难点，监造人员需查阅作业指导书，可能会降低现场的监造工作效率。因此，应加强对现场生产监造工作的实时监控与指导，确保监造工作的准确开展。

4.3.1.2 应用设计思路

通过基于实物标识的物联网技术对物资生产监造过程进行监控，是指在生产跟踪单据上粘贴 RFID 标签，设备监造时通过扫描 RFID 标签，自动匹配监造计划、记录监造信息并上传至服务器，实现对监造过程的监控。物资生产过程监造场景架构如图 4－15 所示。

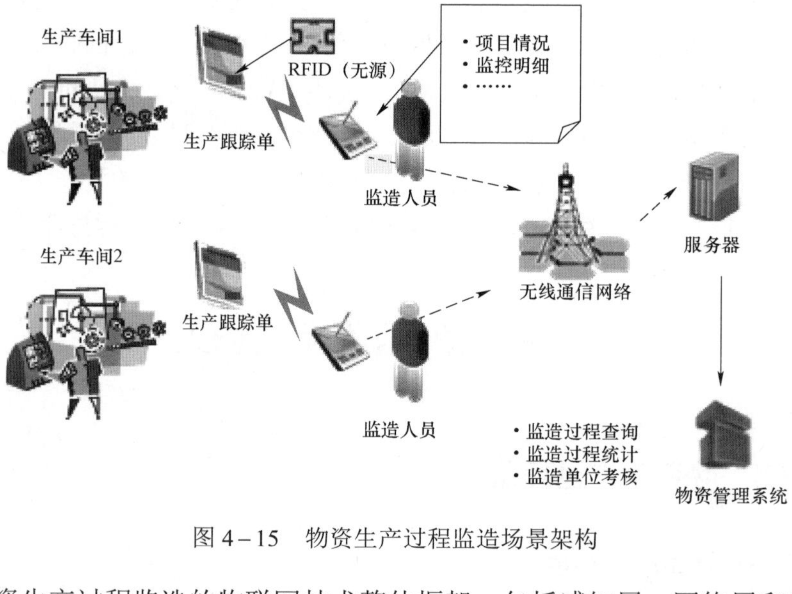

图 4－15 物资生产过程监造场景架构

物资生产过程监造的物联网技术整体框架，包括感知层、网络层和应用层。感知层采用无源 RFID 标签及带标签读取功能的 PDA 终端，设备生产跟踪单据上粘贴 RFID 标签内存储设备的唯一标识码，可以通过后台数据库匹配设备的项目情况、监控明细项等信息。在生产过程中，监造人员用 PDA 读取设备的 RFID 标签，填写监造过程执行情况并上传至服务器。在网络层，PDA 终端将数据通过作业场所的无线局域网传给站内路由器，再经由专网上传至应用服务器，或直接通过移动通信网络上传至服务器，进行数据交互；对于作业场所无网络的情况，作业结束后用工作计算机通过专网上传至服务器。在应用层，应用服务器获取 PDA 终端上传的数据，匹配并下载监造计划及监造作业指导书、存储设备监造情况、响应终端设备的其他数据需求，以达到对设备监造过程的监控。

物联网技术在物资生产过程监造中的主要应用包括：

（1）通过扫描设备生产跟踪单的 RFID 标签，智能匹配并下载监造计划，实时记录监造执行情况，并提供监造作业指导，保障监造工作的准确开展，物资管理人员可实时查看监造详细信息。

（2）对于委托监造的情况，在到达监造关键点前一周，监造人员扫描设备标签通过 PDA 向物流中心专责发出监造关键点通知，通知其组织人员到场见证监造关键点。

（3）监造信息同时为供应商评估提供依据。

4.3.1.3　感知层硬件需求

基于实物标识的物联网技术应用于物资生产过程监造，其主要硬件参数如下：

（1）手持式 PDA。支持 3G/GPRS，上行/下行速度为 1000kbit/s，工作温度为－20～50℃；保存温度为－25～55℃，工作湿度为 10%～95%（非冷凝）；内置条形码扫描器或扫描引擎，屏幕尺寸大于 10in；质量小于 1000g，续航时间大于 5h（在每分钟扫描、信息收发 5 次的情况下）；带背光，强光下可见；具备可扩展卡槽；配备车载充电器和备用电池；电池更换时，系统数据备份可保持 20min；可承受 1.2m 高度跌落至水泥地面；支持串口/UBS 调试，方便二次开发。

（2）无源标签。频率为 860～960MHz，芯片协议为 EPC Class－2 Gen2，读写距离最远 5m；RPC 为 96B；工作温度为－30～85℃，保存温度为－40～150℃。

4.3.1.4　网络层网络需求

物资生产过程监造的网络层结构为无线局域网或者移动通信网络。对于无线局域网，PDA 终端通过无线局域网与无线网络终端连接，无线网络终端通过内网与后台应用服务器连接；对于移动通信网络，PDA 终端直接通过移动通信网络与应用服务器连接；对于无网络的作业环境，作业结束后通过工作计算机由内网与后台应用服务器连接。

在此过程中要求作业场所的无线局域网或移动通信网络通信范围能覆盖整个作业场所，传输速率能支持作业场所内所有PDA终端同时与系统终端间进行数据传输，支持无线局域网络标准IEEE 802（对于无线局域网），支持常见的网络传输协协议；作业场所终端与应用服务器间基于已有内网进行通信。

4.3.1.5 应用层功能需求

为加强设备、材料监造管理与控制，规范设备监造行为，将物联网技术应用于物资生产过程监造，主要有如下功能需求：

（1）监造计划智能匹配。通过智能匹配监造计划并下载，保障监造计划的顺利、准确实施。监造工作开始前，监造人员登录PDA，进入监造准备界面，提示有两种方式匹配监造计划：①“输入设备名智能匹配”；②“读取标签自动匹配”。若监造人员单击“输入设备名智能匹配”按钮，在输入框内输入关键词，系统智能匹配相关的设备，监造人员选定设备后显示“设备监造计划”详情。“设备监造计划”表单包括“设备”“监造任务”等字段。监造人员选择本次监造任务，单击“进入”按钮，系统提示“请读取生产跟踪单标签”。用PDA搜索并读取生产跟踪单的RFID标签，系统自动匹配该设备与监造任务中的监造设备是否相符，若两者不相符则提示“对象错误”，监造人员重新选择读取的设备，或重选监造任务；若两者相符则进入监造过程界面。若在监造准备界面，监造人员单击“读取标签自动匹配”按钮，监造人员用PDA直接读取设备生产跟踪单的RFID标签，系统通过读取设备的唯一标识码，自动匹配其“设备监造计划”。监造人员选择本次监造任务，单击“进入”按钮，进入监造过程界面。

（2）监造过程指导与记录。在监造过程界面，对于监造过程中不明确的工作规范，监造人员可单击该项监造任务的“作业指导书”按钮，查看具体工作标准。监造项目完成后进入监造结果录入界面，监造人员通过PDA录入监造结果，PDA提供多项打钩确认项以减少人工输入，异常情况则由监造人员人工录入。对于委托监造的情况，当按监造计划，设备即将进入监造关键点时，系统提示“即将进入监造关键点”，监造人员确认进展后，系统通知物流中心作业人员见证关键点的监造工作。监造工作结束后系统将PDA中录入的监造执行情况上传到服务器。在设备全生命周期中各个阶段，监造人员用设备终端扫描设备RFID标签，通过网络连接系统数据库，即可获知设备监造情况；或通过计算机终端连接管理系统也可进行查询统计分析工作。

（3）监造厂商分析考核。通过定期分析监造计划的执行情况，作为供应商考核的依据。建立“供应商生产项目考核”表单，包括“监造工期”“监造质量”等字段。对于未按时监造的项目，监造人员确认是否属厂商延期的责任，据此填写“监造工期”字段。“监造工期”包括“正常”“一级延期”“二级延期”“三级延期”，分别指实际生产时间晚于计划时间 0、24、48、96h 及以上等。“监造质量”字段包括“优秀”“良好”“一般”“不合格”四个阶段，“优秀”指各项监造指标均达到合格标准，“良好”指 85%以上的关键指标达到合格标准，“一般”指 70%以上的关键指标达到合格标准，“不合格”指 70%以下的关键指标达到合格标准。根据监造厂商的实际情况，监造人员可在得到上级主管的批复后手工调整其“监造工期”“监造质量”值。系统为“监造工期”“监造质量”的不同值赋予不同加权水平，乘以计划周期内各值出现的频次，得出“监造工期总体评价值”和“监造质量总体评价值”指标，以评估该厂商的生产工作，作为供应商考核的依据。系统汇总每月“监造工期总体评价值” 和“监造质量总体评价值”最低的项目，进行重点关注。

4.3.2　抢修物资调配管理

4.3.2.1　应用需求分析

随着电网企业对供电可靠性的要求日益严格，如何在有限资源条件下达成企业所设定的全年城市客户年平均停电时间控制在 5h 内的目标将是生产工作的重要关注点。

抢修物资调配管理的现状为主网变电及线路抢修由各自对口部门负责，区局抢修由供电所抢修调度人员安排抢修资源，在技术上基本依靠电话的方式进行，由于现有技术对抢修物资缺少实时的监控，以致抢修物资仅能在较小范围内调配。基于以上现状对实现全年城市客户年平均停电时间控制在 5h 内的目标仍有较大困难，需加强抢修计划管理及抢修物资的实时跟踪，并且对抢修物资实行统一集中管理，以实现更大范围内抢修物资的统一、实时调配。

4.3.2.2　应用设计思路

物联网技术应用于抢修物资调配管理，一方面通过软、硬件技术实现抢修车辆准确定位；另一方面应用定位技术解决生产业务问题。抢修物资调配管理场景架构如图 4－16 所示。

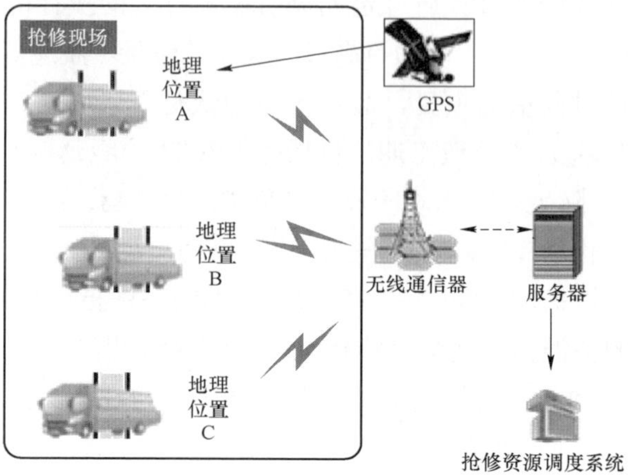

图 4－16　抢修物资调配管理场景架构

抢修监控室及时接收 95598 停电报修地址信息，抢修监控室根据报修信息掌握停电范围、停电地址并预判停电故障，安排空置的抢修资源前往事发地点并通过无线通信技术将抢修信息发送抢修人员的 PDA 中。抢修车辆根据报修地址信息携带内嵌 GPS 导航设备的 PDA 到达抢修现场，抢修人员在现场开展抢修工作。

在抢修时，通过 PDA 内嵌的 GPS 实现抢修物资实时定位，并通过无线网络技术实时回传抢修车辆地理位置信息及抢修作业计划完成时间回传后台抢修车辆调度系统，抢修车辆调度系统掌握抢修车辆位置信息、故障报修信息及抢修作业计划信息以集中抢修资源，优化资源调配管理。

抢修物资完成 A 处故障抢修后，由抢修车辆调度系统平衡所管辖区域内所有故障点抢修距离、抢修时间等情况，科学调配抢修物资到下一处故障点 B，基于物联网技术以此方式实现抢修物资集约化管理。

4.3.2.3　感知层硬件需求

感知层硬件需求主要包括手持式 PDA，其主要硬件参数为：支持 3G/GPRS，上行/下行速度为 1000kbit/s，工作温度为－20～50℃；保存温度为－25～55℃，工作湿度为 10%～95%（非冷凝）；内置条形码扫描器或扫描引擎，屏幕尺寸大于 10in；质量小于 1000g，续航时间大于 5h（在每分钟扫描、信息收发 5 次的情况下）；带背光，强光下可见；具备可扩展卡槽；配备车载充电器和备用电池；

电池更换时，系统数据备份可保持 20min；可承受 1.2m 高度跌落至水泥地面；支持串口/UBS 调试，方便二次开发。

4.3.2.4　网络层网络需求

抢修物资调配管理在网络层结构为通过移动通信网络实现 PDA 与后方应用服务器间数据的实时传输，并且 PDA 中内嵌 GPS 功能通过卫星发射的信号计算出 PDA 准确的位置信息。其中，移动通信网络为向运营商申请的加密网络，PDA 采用 3G/GPRS 与后方应用服务器通信，GPS 的功能为 PDA 中内嵌的 GPS 模块实时接收卫星发射的信号，当同一区域有卫星数大于或等于 4 颗时，PDA 中内嵌的 GPS 模块能计算出 PDA 的当前位置。

4.3.2.5　应用层功能需求

物联网技术应用于抢修物资调配管理应具备 PDA 接收抢修任务的功能、PDA 实时回传抢修物资位置的功能、PDA 辅助抢修作业功能、PDA 发送抢修任务完结的功能。

（1）PDA 接收抢修任务的功能。抢修监控室根据 95598 报修信息掌握停电范围、停电地址并预判停电故障，发送“抢修地点”“预估抢修故障”“报修人”等消息给空置的抢修人员，抢修人员根据“预估抢修故障”信息准备相应的工具及材料前往故障地点。

（2）PDA 实时回传抢修物资位置的功能。通过内置 GPS 模块接收卫星信号，GPS 计算出当前位置信息，将位置信息“经度坐标”“维度坐标”回传后方应用服务器，服务器接收到该信息并在地图上标示。

（3）PDA 辅助抢修作业功能。抢修故障分析支持图片及视频回传后方应用服务器，抢修过程中“抢修作业”模块内嵌作业表单指导抢修作业，包括“抢修作业步骤”及针对各步骤的“风险点警示”功能。

（4）PDA 发送抢修任务完结的功能。抢修任务完成后，抢修人员提交“抢修作业表单”，完成该抢修任务，并将完成信息“任务已完成”回传后方应用服务器，服务器将该抢修物资标识为“可用抢修物资”并就近检索“故障地点”“预估抢修故障”，若就近有“抢修故障”则安排抢修任务，包括“抢修地点”“预估抢修故障”“报修人”，若无“抢修故障”则发送给抢修人员“返回”信息。

4.3.3 物资配送在途监控

4.3.3.1 应用需求分析

电网企业的生产场所具有区域分散、数量繁多的特点，生产运维及应急抢修所需的物资主要都依靠物资部门进行配送。因此，加强对物资配送的可视化管理和实时监控，不但能够保障物资配送的及时和高效，而且能够带来物流成本集约化的机会。业务面临的痛点主要归纳如下：

（1）在应急抢修发生时，对应急物资到货的及时性要求很高。目前由于缺乏对应急配送过程的监控，往往导致：① 应急抢修现场因为无法精确掌握应急物资到货时间及其他相关信息，无法进行最合理有效的时间安排；② 在路况复杂或者交通不畅时，无法通过调度手段根据实时的交通信息对行驶路线进行干预，节约配送时间；③ 无法对应急配送实时信息进行共享，以及无法对应急配送过程进行记录。

（2）在日常配送时，虽然对于物资到货的及时性要求一般，但是如果可以对配送过程进行监控，则：① 各个配送点可以根据实时的配送信息进行最合理的配送接收安排；② 可以在交通不畅时，寻找更合适的配送路线进行人工干预；③ 可以通过后台调度，减少运输空驶，提高配送效率，降低物流成本，特别是未来一旦将项目物资的配送也纳入日常配送范围；④ 可以记录配送全过程，便于数据统计、查询，以及为物资供应全过程的记录奠定基础。

4.3.3.2 应用设计思路

将物联网技术应用于物资配送在途监控，配送车辆上应装载 GPS 终端，在配送初始阶段将 GPS 终端信息和配送信息进行集成，同时在配送过程中通过移动通信网络将 GPS 信息传回服务器，实时追踪在途物资的配送情况，包括配送物资、车辆及位置信息、预计剩余时间等，及时通知配送现场，针对异常情况提供警报，并可根据需要人工干预行车路线等，以达到对配送物资的在途监控。物资配送在途监控场景架构如图 4－17 所示。

物资配送在途监控的整体框架包括感知层、网络层和应用层。感知层包括配送车辆上装载 GPS 终端。网络层主要为移动通信网络。应用层则是将配送信息和 GPS 信息在配送初始阶段进行集成，并对配送全过程进行实时监控和记录。

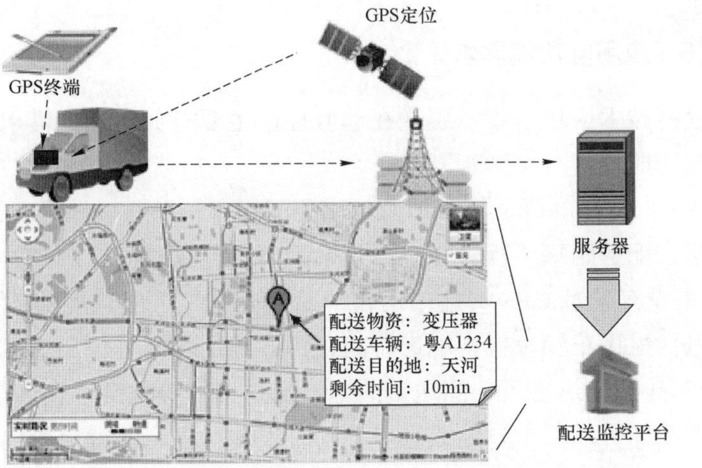

图 4－17　物资配送在途监控场景架构

物联网技术在物资配送在途监控中的主要应用有：

（1）通过 GPS 系统，配送监控人员可以在系统终端的电子地图上实时追踪物资配送情况，根据行车情况及时通知配送现场做好收货准备，当出现车辆行驶路线错误等异常情况时，及时通知驾驶员。

（2）当发现重大交通堵塞时，配送监控人员通过 GPS 系统，并在查看实时各路段交通信息的基础上，指挥车辆驾驶员，人工干预行车路线。

（3）当产生新的配送需求时，配送监控人员可以实时查询车辆在途位置及配送任务信息，指挥调度最合适的车辆执行配送任务。

4.3.3.3　感知层硬件需求

基于实物标识的物联网技术应用于物资配送在途监控，感知层主要硬件为 GPS 终端。由于 GPS 终端目前成熟的产品非常多，例如，GPS 类型：便携车载；GPS 屏幕：5.0in；分辨率：800×480；内置存储：4G；扩展接口：USB 接口、MicroSD（TF）卡；电池：内置 1100mAh 锂电池。

4.3.3.4　网络层网络需求

物资配送在途监控的网络层为移动通信网络，GPS 终端将车辆地址信息通过移动通信网络传输给应用服务器，服务器端程序将车辆所在的位置和行走的轨迹绘制在地图上。

4.3.3.5 应用层功能需求

将物联网技术应用于物资配送在途监控，主要有如下功能需求：

（1）在途监控。

1）能够在GPS屏幕上直观地监控应急配送车辆的行驶路径、行驶状态、配送物资信息、配送距离、行驶距离、剩余距离、行驶时间、剩余时间等。

2）对于没有配备GPS终端的运输情况，能够支持人工录入应急配送状态关键节点，包括配送车辆位置、配送时间、预计到达时间等信息。

3）能够按照配送物资、配送目的地、配送车辆等关键字查询在途配送任务清单，以上条件可以单个限定或者多个同时限定，显示关键字段包括配送物资、配送目的地、配送车辆等。

4）单击上述单个项目的同时，能够显示该项目的物资需求清单，物资需求清单关键字段包括物料需求编码、物料编码、物料名称、物料规格、物料需求数量、需求提出日期、物料需求日期、预计到货日期等。

（2）人工干预。

1）物资在途配送中，系统通过将实际行驶路线与计划路线对比，分析是否在允许的偏差范围内。针对超出允许范围的情况，在系统中记录异常。

2）在应急物资配送过程中，系统能够提供实时路况更新，可以根据实时的天气、交通情况对配送路线在线外进行人工干预；人工干预的信息能够通过在线的方式（如语音提示、短信平台等）发送给物资配送人员。

（3）数据分析。

1）能够统计物料预计到达时间晚于物料需求时间的物料清单及其相关项目、物料需求等信息。

2）能够指定时间段，按照配送目的地、配送物资品类统计分析配送次数、配送时间和配送距离等信息。

3）能够计算配送及时率。配送及时率=及时配送次数/总配送次数×100%。

4.3.4 物资运输防盗监控

4.3.4.1 应用需求分析

设备、材料对电网的可靠运行至为关键，如何加强其在运输过程中的防盗监控、减少运输损耗，对提高资产使用率、保障电网可靠运行尤其重要。业务面临的痛点主要归纳如下：

电力设施设备物资种类众多，部分重要设备价值较高，对电网的可靠运行至关重要。在设备物资运输过程中，大部分属敞厢运输，对运输物资的防盗管理不严格，可能存在被外人破坏或偷盗，甚至可能存在司机本身参与违法行为，但是由于监控手段落后，司机或者管理人员无法对运输安全状况实行监控。同时，由于对运输过程中的物资安全状况缺少实时监控的手段，一旦异常情况发生就难以明确责任，进而无法对运输部门或单位进行双方均认可的考核。因此，在物资运输过程中，需要采用智能化的手段加强对物资的安全保护与监控，特别是针对重点货物的运输货箱，对开箱时间、地点、状态等进行实时监控，并对异常情况予以警告，达到对物资运输安全监控的目的。

4.3.4.2　应用设计思路

将基于实物标识的物联网技术应用于物资运输防盗监控，其原理是在运输重要物资的车辆货箱上配置带有 RFID 标签的安全锁，通过无线通信网络实时监控安全锁状态，以达到对运输物资进行监控的目的。当物资送达目的地，安全锁读取合法信息后方可开启。物资运输防盗监控场景架构如图 4－18 所示。

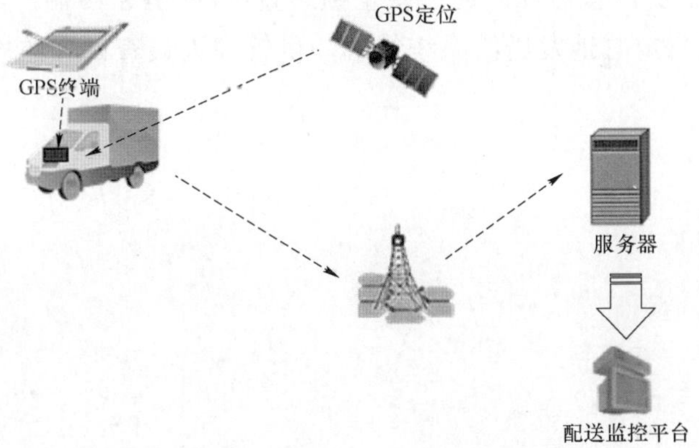

图 4－18　物资运输防盗监控场景架构

物资运输防盗监控的物联网技术整体框架包括感知层、网络层和应用层。感知层包括配置在运输车辆货箱上的安全锁装置和粘贴在物资上的有源高频 RFID 标签。安全锁装置主要包括信号发射装置、有源高频 RFID 标签阅读器、GPS 终端、GPRS 网关，以及温度和撞击传感器。其中，有源高频 RFID 标签阅读器可以阅读物资的有源 RFID 标签，并将信息通过信号发射装置发送给系统服务器。信号发射装置可以在 Wi-Fi 无线网络的区域内发送唯一的身份标识，以及物资 RFID 标签信息、安全锁和传感器状态的信息，在非 Wi-Fi 无线网络的区域内也可以通过 GPRS 网关发送类似信息。整个安全锁装置就类似于一个 Wi-Fi-RFID。在网络层，主要包括 Wi-Fi 无线网络或者移动通信网络。在应用层，能够输入安全锁密码、开启地点等信息，系统服务器获取安全锁装置上传的信息，并与输入的信息进行匹配，对异常情况发出警告。

物联网技术在物资运输防盗监控中的主要应用有：

（1）运输物资安全锁监控。在运输开始前，工作人员通过应用系统设定安全锁的开启条件，包括开锁密码、开启地点、开启员工权限等信息；当运输至目的地时，开锁人员将其工卡靠近安全锁的阅读范围以读取员工权限信息，并输入开锁密码；安全锁将此地的 GPS 信息、读取的员工权限及输入的开锁密码信息打包发送至服务器，系统将其与预设的开锁条件值匹配，全部符合后密码锁方可开启。当安全锁遭非法或强行开启时，自动发送异常信息至服务器，系统发出警告，并通知司机及相关责任人。

（2）运输物资状态监控。通过安全锁装置中的有源高频 RFID 标签阅读器，可以定时读取物资的有源 RFID 标签信息，并将信息发送给系统终端进行监控。

（3）运输物资位置监控。通过安全锁装置中的 GPS 终端，可以根据定义的时间将 GPS 信息定时地发送给系统终端，供管理人员查询和监控。

第5章

基建域物联网应用

5.1 应 用 蓝 图

基于电网企业基建域的实际业务应用需求，并结合国内外物联网技术的成功应用案例，对电网企业生产域共设计 3 个物联网应用场景，组成电网企业基建域的物联网应用蓝图，如图 5－1 所示。

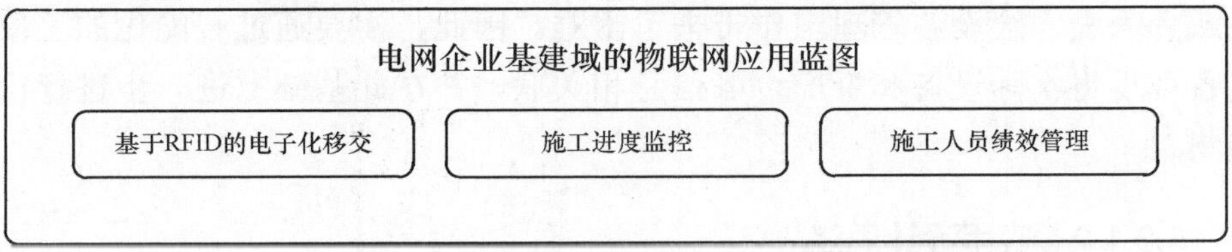

图 5－1　电网企业基建域的物联网应用蓝图

物联网在电网企业基建域的应用，主要从项目施工的需求出发而制定相关的应用场景。电网企业可根据实际需求而选择合适的组网场景进行应用。

5.2 应用需求分析与设计

5.2.1 基于 RFID 的电子化移交

5.2.1.1 应用需求分析

电网企业是资产密集型企业，电力设备是电网企业的核心资产，电力设备的管理既是资产管理也是生产设备管理，无论从财务角度还是生产运维的角度，电力设备的管理都是电网企业管理的重中之重。电力设备管理的基础是设备信息，设备信息即设备资产台账信息，一般包括基本信息（如设备参数、规格、型号、供应商等）和历史信息（如生产运维信息、修理技术改造信息等）。设备信息是在各个不同环节包括规划设计、设备采购、工程建设到生产运营所有设备相关重要信息的归集，一般来说是由各个不同环节的负责部门或者单位将信息积累移交给电力设备的最终管理部门——生产运行部门。设备资产台账信息是生产运行部门进行生产运维或者大修技术改造等工作时重要的参考依据，因此保证信息的实时性、准确性和完备性是电网企业设备管理的重要因素，而设备资产台账信息的正确移交则是其中的关键。

随着计算机及互联网等电子化技术的普及，电网企业目前往往采用设备资产台账信息电子化移交的方式，即各个部门或者单位在移交过程中采用电子化的方式诸如光盘、电子文件等，以减少在信息归集时人工输入的工作量及输入错误。但是，由于电力设备的数量巨大，而且专业性强，在电子化移交时难以做到完全正确地将系统信息和实际设备一一对应，造成信息的混乱或者丢失，给设备管理工作带来了困难。因此，需要通过智能化的手段在设备现场将实际设备和资产台账信息相关联，并在此基础上进一步进行信息归集。

5.2.1.2 应用设计思路

基于 RFID 的电子化移交场景，主要是借助 RFID 标签，绑定物资、设备、资产三大管理对象，打通项目初步设计、物资采购、工程建设及生产运行四大管理环节，在各环节通过资产管理系统或外网平台上传需移交的电子资料，完成电子化移交。基于 RFID 的电子化移交场景架构如图 5-2 所示。

电子化移交成功实施的关键在于保障数据的实时性、准确性及完备性，实现账实相符。通过引入 RFID 技术，以标签编码或者标签中存储的资产编码为核心实现各个环节的有效衔接和实物与系统信息的对应关系。利用 RFID 标签的自动读取功能，简化手工操作，实现资产台账信息的自动、快速集成，确保资产管理系统基础数据的准确性和完备性。通过记录移交工作的时间点和责任人、系统对提交的资料进行初步判断与匹配、对相关责任人提供移交提醒功能，可以明确移交资料的考核责任，支持电子化移交工作的顺利开展。

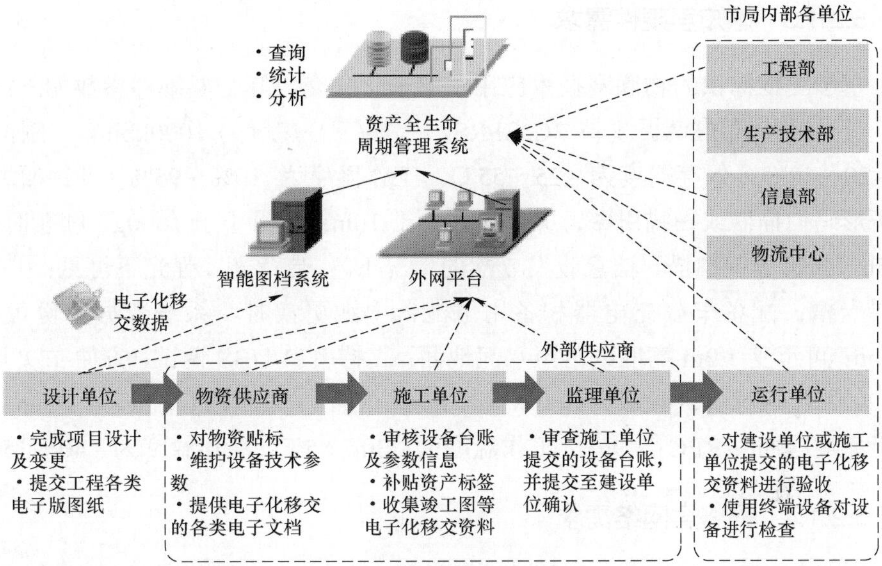

图 5－2　基于 RFID 的电子化移交场景架构

物联网技术应用于基于 RFID 的电子化移交的整体框架，包括感知层、网络层和应用层。感知层采用 RFID 标签、PDA 终端，通过 PDA 终端可对设备 RFID 标签进行读写操作，获取设备的标签编码、维护设备的台账及技术参数等信息。在网络层，对于布置有无线局域网络的作业场所，PDA 终端实时将标签匹配的信息通过作业场所的无线网络上传至应用服务器。对于作业场所无网络的情况，PDA 终端利用离线上传的方式通过专网将数据上传至服务器。在应用层，应用服务器获取 PDA 终端上传的数据，将电子化移交资料与标签编码相关联，更新数据库，进行电子化移交数据的维护等。

物联网技术在基于 RFID 的电子化移交中的应用主要有：

（1）资产标签匹配维护。在工程建设阶段，使用终端设备维护实物标签与设备资产台账的关联关系。

（2）资产标签匹配签发。在工程建设阶段，对于需要补发的实物标签，在服务器端维护设备资产台账与资产标签的关联关系。

（3）设备技术参数维护。在工程现场，可以通过 PDA 终端对设备技术参数进行维护。在物资装配时，可以通过扫描物资实物标签，将物资所带的技术参数信息关联到资产设备台账的相关设备上，并更新数据库。

5.2.1.3 感知层硬件需求

基于实物标识的物联网技术应用于电子化移交，其主要硬件参数如下：

（1）手持式 PDA。支持 3G/GPRS，上行/下行速度为 1000kbit/s，工作温度为－20～50℃，保存温度为－25～55℃，工作湿度为 10%～95%（非冷凝）；内置条形码扫描器或扫描引擎，屏幕尺寸大于 10in；质量小于 1000g，续航时间大于 5h（在每分钟扫描、信息收发 5 次的情况下）；带背光，强光下可见；具备可扩展卡槽；配备车载充电器和备用电池；电池更换时，系统数据备份可保持 20min；可承受 1.2m 高度跌落至水泥地面；支持串口/UBS 调试，方便二次开发。

（2）无源标签。频率为 860～960MHz，芯片协议为 EPC Class－2 Gen2，读写距离最远 5m；RPC 为 96B；工作温度为－30～85℃，保存温度为－40～150℃。

5.2.1.4 网络层网络需求

基于 RFID 的电子化移交的网络层结构为作业场所覆盖无线局域网或移动通信网络，对于无线局域网，PDA 终端通过无线局域网与无线网络终端连接，无线网络终端通过内网与后台应用服务器连接；对于移动通信网络，PDA 终端直接通过移动通信网络与应用服务器连接；对于无网络的作业场所，通过工作计算机由内网与后台应用服务器连接。

在此过程中要求作业场所的无线局域网或移动通信网络通信范围能覆盖整个作业场所，传输速率能支持作业场所内所有 PDA 终端同时与系统终端间进行数据传输，支持无线局域网络标准 IEEE 802（对于无线局域网），支持常见的网络传输协协议；作业场所终端与应用服务器间基于已有内网进行通信。

5.2.1.5 应用层功能需求

为加强主网工程数据的电子化移交、维护工作，将物联网技术应用于基于 RFID 的电子化移交，主要有如下功能需求：

（1）自动编制物资需求计划。通过外网平台可实现将设备台账的 CIM 模型增量文件导入形成设备台账功能位置，并支持手工在外网平台补充完善；可通过外网平台将设备材料清册导入企业级资产管理系统，补充物资编码并关联到 WBS 上；建设单位可补充建议供应商、到货时间要求等详细需求信息，系统据此自动生成项目详细的“物资需求计划”。

（2）物资自动装配到设备台账。施工人员通过手持式设备扫描实物标签或在外网平台上直接输入标签编码，可将设备的台账等参数信息与设备的 RFID 标签编码关联；在后续工作中，工作人员能对设备的台账信息进行更新补充。

（3）电子化移交资料的收集与审核。电子化移交工作开始前，工作人员制定需提交的完整的“电子化移交清单”，并与标签编码相关联；各单位、部门提交的电子化移交资料在系统内与标签编码相关联，并形成“资料提交清单”，系统将该清单与该标签编码关联的“电子化移交清单”匹配，自动提示不匹配项；审核单位收到各单位、部门移交的电子化资料后，可通过关联标签编码，获得完整的“电子化移交清单”和资料要求，审核提交资料是否完整正确。

（4）明确考核责任。系统能记录各单位、部门数据维护的内容、提交的电子化移交资料、操作时间、操作人，为电子化移交考核提供依据。在电子化移交资料提交截止日期前 3 日，系统自动发出“资料提交提醒”给相关责任人，提醒需提交的“电子化移交清单”、资料要求及截止日期。

5.2.2　施工进度监控

5.2.2.1　应用需求分析

在基建项目中，对项目施工进度的监控是保证基建项目按时完成的重要手段。施工进度监控的目的是要求施工队按照项目计划的要求完成基建工作任务，实现项目计划目标。实时、准确地对施工进度进行监控，可以尽早地发现并改善项目工作产生的各类问题，协调各方关系，确保项目计划目标的完成。

但是，目前由于受到施工现场技术条件的限制，对于施工进度的确认一般一个月进行一次，在确认施工进度时，确认的是过去一个月施工任务的完成情况，管理精细化程度及实时化程度都不高。这种情况下，往往导致项目计划的延迟，不能实时监控，只能在每月确定施工进度时才被发现，错过了最佳采取补救措施的时机。

通过智能化手段记录施工现场任务的开始时间、完成时间、完成状况等，可以实时监控施工进度，及时调整项目整体计划，为实现项目整体计划目标奠定基础。

5.2.2.2　应用设计思路

为了实现对施工进度智能化监控，利用基于实物标识的物联网技术，设计施工进度监控应用点。在定义工作任务阶段就将每个工作任务与贴有 RFID 标签的设备相关联，任务开始和结束时通过手持式终端 PDA 扫描工作证件及贴有 RFID 标签的设备，匹配工作任务所包含的信息，更新工作任务状态，并通过局域网上传至系统服务器，完成对施工进度的监控。施工进度监控场景架构如图 5－3 所示。

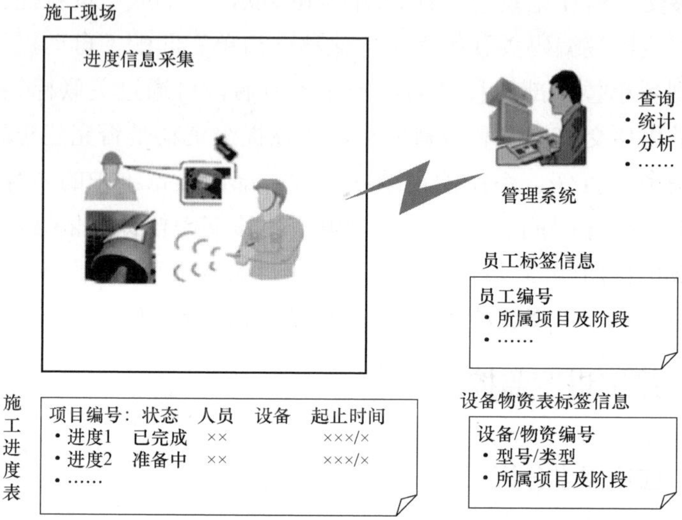

图 5－3　施工进度监控场景架构

施工进度监控应用点的基于实物标识的物联网技术架构体系包括感知层、网络层和应用层。感知层包括带有标识施工人员身份的 RFID 标签的工作证件、贴有 RFID 标签的设备，以及手持式 PDA 终端。手持式 PDA 终端则带有 RFID 的扫描模块，集成基建项目工作任务模块。在网络层，基于只要能够满足每天信息更新一次的考虑，对实时性要求不高，可以采取离线上传下载的方式将系统信息与手持式 PDA 终端中的信息进行交互，或者利用施工现场的无线局域网（如具备）。在应用层，系统能够定义每个工作任务与贴有 RFID 标签的设备相关联，能够记录工作任务开始时间、完成时间，更新工作任务完成状态。

物联网技术在施工进度监控中的应用主要有：

（1）定义匹配设备的工作任务。在定义工作任务计划阶段，系统可以实现将每个工作任务与贴有 RFID 标签的设备相关联。

（2）工作任务状态更新。在实际工作任务开始及完成环节，通过手持式 PDA 终端读取设备 RFID 标签，以及带有人员基本信息的 RFID 标签，匹配已经定义的工作任务，更新工作任务完成状态。

（3）施工进度监控。将工作任务完成状态上传至系统服务器，完成对项目施工进度的监控，并根据与原项目计划匹配和分析的结果，采取必要的项目计划调整措施。

5.2.3　施工人员绩效管理

5.2.3.1　应用需求分析

目前，电网建设正处于一个高峰期，对于基建项目的管理更多的是通过项目验收对项目的结果进行考核，而基建项目过程的管理则更多的是依靠施工队自身的管理，由于施工队的管理手段和技术能力相对比较薄弱，基建项目的施工现场是属于粗放型的管理。但是，随着电网建设高峰期的结束，电网企业的主要工作也将从基础建设向生产维护过渡，基建项目的管理要求也将逐渐提高，向精细化管理靠拢。那么，对基建项目施工现场的精细化管理首先是对施工人员的绩效进行系统化管理。

基建项目现场施工人员众多、任务种类繁多，通过系统化的绩效管理，对施工人员的出勤及任务完成情况进行监督，可以有效地提高施工现场施工人员的工作效率。其次，将施工人员的出勤记录及工作任务绩效指标进行统计，可以作为对施工人员进行奖励惩罚管理的重要依据，避免“同工不同酬，同酬不同工”的情况发生，切实提高施工现场人员的工作积极性。最后，通过对施工人员工作任务完成时间的统计和分析，可以准确计算项目时间长度及施工作业成本，为未来同类项目的预算及项目计划的制定奠定可靠的基础。

但由于施工现场情况复杂，施工人员及任务种类众多，仅凭人工记录难以对施工现场的每个角落的情况进行准确地掌控，因此需要采用比较先进的管理手段及技术方法对施工人员的绩效进行管理，对施工人员的出勤时间及工作任务完成情况采取智能化手段进行记录，确保管理过程的准确无误。

5.2.3.2　应用设计思路

为了实现对施工现场人员绩效水平的智能化管理，利用基于实物标识的物联网技术，设计施工人员绩效管理应用点。对施工人员配置带有 RFID 标签的工作证件，通过手持式 PDA 终端扫描工作证件，记录出勤及工作任务的完成信息，并通过局域网或者实时无线通信网络上传至系统服务器，完成对施工人员绩效的监控。施工人员绩效管理场景架构如图 5-4 所示。

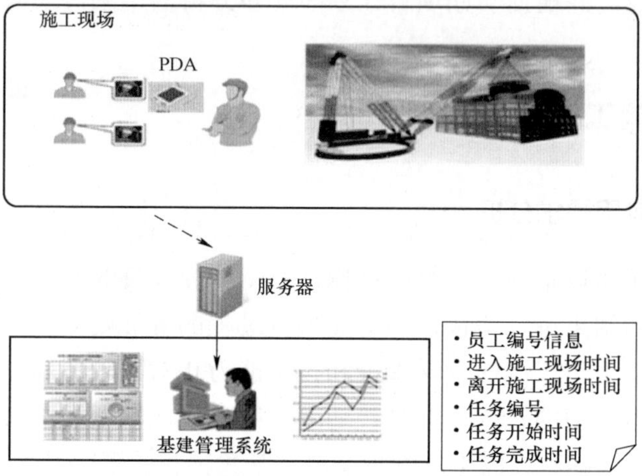

图 5-4　施工人员绩效管理场景架构

施工人员绩效管理应用点的基于实物标识的物联网技术架构体系包括感知层、网络层和应用层。感知层包括带有 RFID 标签的工作证件及手持式 PDA 终端。RFID 标签中存储有施工人员的基本信息，包括员工编号、姓名、年龄等。手持式 PDA 终端则带有 RFID 的扫描模块，集成基建项目工作任务模块。在网络层，由于施工人员绩效管理应用点对实时性要求不高，更多地考虑采取离线上传下载的方式将系统信息与手持式 PDA 终端中的信息进行交互，或者利用施工现场的无线局域网络（如具备）。当然，如果施工现场不具备无线局域网络，又对信息传递实时性有较高要求，可以采用加密的移动通信网络。在应用层，系统能够实现对施工人员的出勤及工作任务完成情况进行记录、统计和查询，并以此作为施工人员绩效考核、项目计划时间设定、基建项目现场人员成本制定的基础。

物联网技术在施工人员绩效管理中的主应用有：

（1）施工人员出勤管理。施工人员配置带有人员基本信息的 RFID 标签的工作证件，通过手持式 PDA 终端记录施工人员的出勤情况。系统对比施工人员的出勤计划，对施工人员现场的出勤进行考核。

（2）工作任务完成记录。在实际工作任务开始及完成环节，通过手持式 PDA 终端读取带有人员基本信息的 RFID 标签，记录工作任务开始及完成时间，以及所对应的施工人员工作任务完成信息，包括任务编号和施工人员编号等。系统对比施工人员的工作任务计划，对施工人员的绩效进行考核。

（3）未来项目计划时间和预算制定基础。统计并分析工作任务完成记录，作为未来基建项目的计划时间和施工现场人员成本预算制定的基础数据。

第6章

营销域物联网应用

6.1 应 用 蓝 图

基于电网企业营销域的实际业务应用需求，并结合国内外物联网技术的成功应用案例，对电网企业营销域共设计一个物联网应用场景，组成电网企业营销域的物联网应用蓝图，如图 6－1 所示。

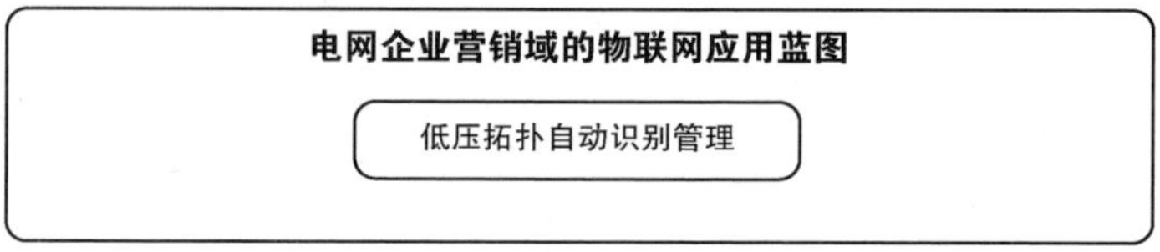

图 6－1　电网企业营销域物联网应用蓝图

6.2 应用需求分析与设计

6.2.1 应用需求分析

在构建先进电网企业的过程中，信息化建设当属其首。信息化建设中数据质量又是信息化建设的重要基础，特别是低压网的现状、低压用户与变压器的关系（简称低压户变关系）、台区线缆关系与设备台账等目前质量不一，主要依靠人工数据普查来进行收集，遇到变动的情况，账、卡、物又难以一一对应。

载波技术是目前唯一一种沿着一次电力线路进行传播的通信技术，与电网拓扑分布紧密相关，对户变拓扑关系自动识别有着天然的优势，而在载波技术基础上利用计量自动化主站辨识与电能表集中自动抄表（简称集抄）准实时识别进行联合判断户变关系是可行的，微功率小无线又可以利用自身不依赖有线线路走向的优势，与载波技术形成双模互备用，提高集抄系统的自动抄表率，减少人工抄表成本。目前国内还没有基于载波通信技术的低压集抄在户变拓扑关系自动识别的研究与应用的成功案例。

基于载波技术开展了装置侧档案关系收集的研究，在宽带载波的试点现场，载波集中器已经能够自动搜表，同时后端计量自动化主站系统也相应地扩展了通信规约，适应载波通道的通信地址上送解析，这些项目只在小范围内进行应用，目前暂时还没有推广至配电网拓扑应用。

该场景在基于载波通信技术的基础上，实现与GIS系统拓扑辨识，做到与GIS系统户变关系变动的电子化移交。

6.2.2　应用设计思路

该场景在计量自动化宽带载波集中器上送的低压用户与表计关系（简称低压户表关系）的基础上，实现与GIS系统户变关系的比对模型建立。

电力线宽带载波通信技术，其使用频率在1MHz以上，通信速率在1Mbit/s以上，调制解调多采用各种扩频通信技术、OFDM技术、DMT（discrete multi-tone）技术等。相对于窄带通信的优势除带宽高外，基于先进的编码技术，躲避了大量的干扰噪声；可以实现基于SNMP的远程网管，配合中继技术完全能够达到稳定可靠的全覆盖；可实现用电信息的并发采集，极大地提高了采集速度。低压载波通信网络如图6-2所示。

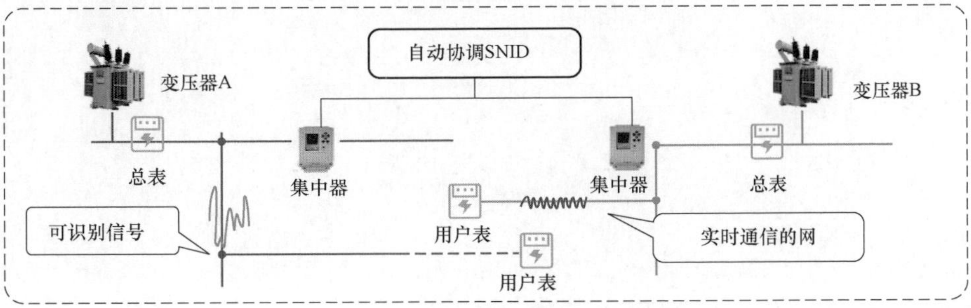

图6-2　低压载波通信网络

低压户变关系通过GIS系统发布在低压单线图上面，单线图走电子化移交流程进行发布，由人工手动完成。对于电网运行方式引起的台区层的负荷调整，目前没有纳入电子化移交流程，尤其是低压开关状态的闭合信息。由此可知，低压单线图发布出来的是一张静态拓扑关系表。基于载波通信的计量自动化系统，可以通过集中器进行搜表功能上报末端通信节点信息，反馈至信息系统里面，就是变压器与电能表通信地址之间的关系，通过与营销电能表台账融合，结合客户信息，可以得到完整的低压户变关系。

该场景需要在此基础上构建静态与动态关系的比对模型，实现现场与后台系统的户变关系比对。在计量自动化宽带载波集中器上送的低压户表关系的基础上，实现与 GIS 系统户变关系的比对测试；实现 GIS 户变关系与现场户变关系的比对测试工作，对于测试通过的拓扑信息，可实时发布于单线图上；对于比对测试不通过的信息，需要发起电子化移交流程，通过人为审核的方式完成，最终手动发布单线图信息。实现低压户变关系变动的自动电子化移交。

台区层的低压户变关系、户表关系目前都可以自动拓扑辨识功能实现电子化移交。尤其是户表变动信息，传统方式是通过走营销装拆表流程实现过程记录、更新档案，但时效性较差，基于电力线载波通道的档案收集，可实时实现低压户变关系变动、户表关系变动的自动电子化移交过程。

第7章

其他域物联网应用

7.1 应 用 蓝 图

基于电网企业其他域的实际业务应用需求，并结合国内外物联网技术的成功应用案例，对电网企业其他域共设计 8 个物联网应用场景，组成电网企业其他域的物联网应用蓝图，如图 7－1 所示。

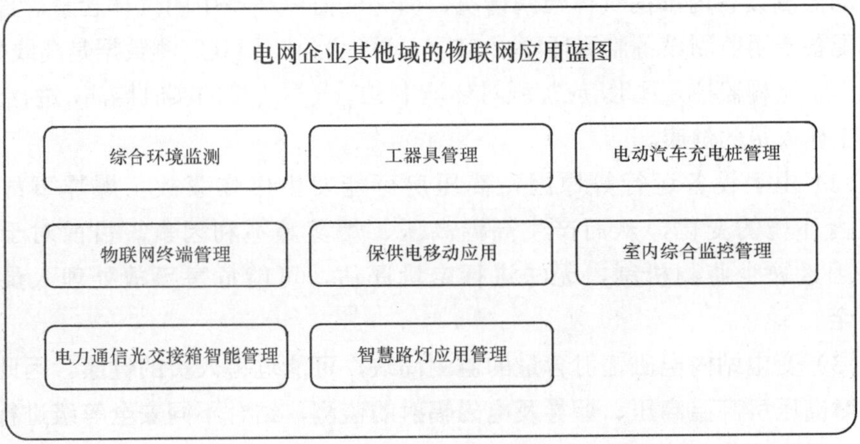

图 7－1　电网企业其他域的物联网应用蓝图

物联网在电网企业其他方面的应用比较广泛，对于可以与物联网关键技术相结合的综合管理场景，都可以进行组网规划及尝试，解决电网企业在综合管理方面的实际需求。

7.2 应用需求分析与设计

7.2.1 综合环境监测

7.2.1.1 应用需求分析

高压房内环境复杂，各类设施设备同时运行，可能产生电磁辐射、SF_6气体泄漏等情况，长期处于这种作业环境中将会对作业人员的健康安全产生危害，因此急需采用先进的管理手段及技术方法对高压房的作业环境进行有效的监测。业务面临的痛点主要归纳如下：

（1）目前变电站的新式变压器利用绝缘气体SF_6降温，但可能存在SF_6气体泄漏的情况。对其进行补气处理是主要的补救措施，却忽略了对空气中SF_6气体的排除。由于设备运营周期长，可能存在长期渗漏的现象，进而造成周边作业环境中大量SF_6气体的堆积，对作业人员的身体健康产生威胁。变压器自身装置能自动监测设备内部的气体泄漏情况，但无法监测环境中的气体含量。部分高压室配备专用监测设备监测环境中SF_6气体的含量，但其监测数据是离线数据，不能提供远程监控。因此，应加强对环境中SF_6气体含量的实时监测，进行预警，保障工作人员的健康。

（2）由于设备运行等原因，高压房可能发生爆炸事故。爆炸事故会引起室内环境的变化，从而产生高温高压、烟雾等不利因素。目前对于这些不利因素缺少监测机制，无法进行定量评估，可能危害事故处理人员的健康安全。

（3）变电站内电磁辐射含量的监测尚缺，可能危害人员的健康。因此，应加强对高压房高温高压、烟雾及电磁辐射的监测，结合不同安全等级进行提醒警告，保障作业人员的健康。

7.2.1.2 应用设计思路

通过物联网技术对高压房的作业环境进行监测，通过安装SF_6气体含量、电磁辐射量、高温高压及烟雾传感器，实时监测高压房内的作业环境；同时，通过建立预警机制，结合实时监测的数据为作业及管理人员提供操作依据及指导。

综合环境监测场景架构如图 7－2 所示。

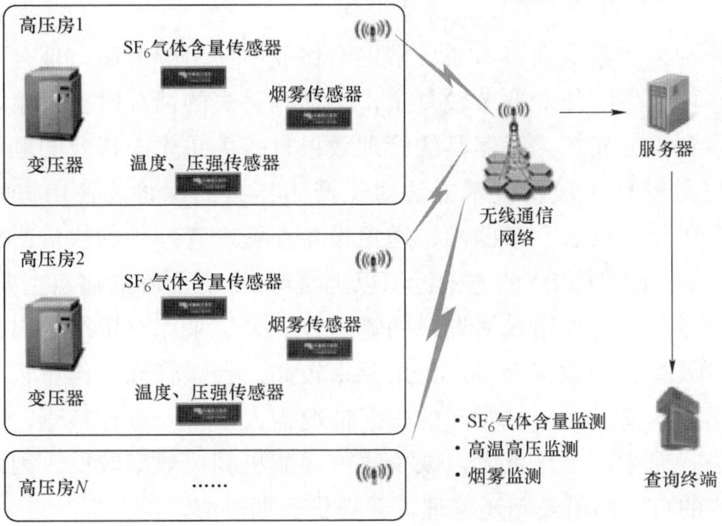

图 7－2　综合环境监测场景架构

物联网技术应用于综合环境监测的整体框架，包括感知层、网络层和应用层。感知层采用 SF_6 气体、电磁辐射、温度/压强及烟雾传感器，RFID 标签和阅读器，分布于高压房内的各类传感器可实时监测高压房内 SF_6 气体含量、电磁辐射量、温度/压强、烟雾含量的信息，阅读器可读取传感器的信息；在网络层，阅读器将所读取的传感器信息通过作业场所的无线局域网传给站内路由器，再经由专网上传至应用服务器，或直接通过移动通信网络上传至服务器（对于作业场所无网络的情况，作业结束后可用工作计算机通过专网上传至服务器）；在应用层，应用服务器获取上传的数据，匹配安全预警机制，发送警告提醒等。

物联网技术应用于综合环境监测管理的主要应用包括：

（1）高压房 SF_6 气体含量及电磁辐射量监测。对 SF_6 气体含量及电磁辐射量进行实时监测，在其达到预警水平时通知作业人员进行相应处理，超出安全范围后系统发出警告并通知作业人员，保障工作人员健康。

（2）高温高压、烟雾监测。设备房发生爆炸等事故后，对室内温度、压强、烟雾含量进行监测，匹配安全预警机制，在不同安全水平时给予作业人员相应提醒，保障事故作业人员的人身安全，并且有利于事故处置方案的制定。

7.2.2 工器具管理

7.2.2.1 应用需求分析

工器具种类和数量众多，在日常生产作业中使用频率高，部分资产具有较高的价值。由于生产作业环节较复杂，工器具丢失的情况时有发生，资产的使用价值未得到充分发挥。工器具的管理效果直接关系生产作业的顺利进行，急需采用先进的管理手段及技术方法对生产工器具的保管及使用进行有效的监管。为有利于仪器仪表、工器具、送检设备在资产管理中加快资产标识读取速度，以下场景将采用 RFID 的方式标识以上资产。业务面临的痛点主要归纳如下：

（1）工器具主要使用账簿登记的管理方式来记录库存资产的出借及归还情况。但由于其种类和数量众多，使用频率较高，台账管理工作量较大，可能存在漏记、错记等情况；同时资产的归还情况需人工一一进行核查，对逾期未还的资产需进行追缴，工作量大，缺少事前提醒机制，效率较低。因此，应加强生产用资产的自动出借及归还管理，并提供到期提醒。

（2）工器具的出借制度中，对人员的借用权限缺少统一、明确的标准，缺少细致的权限验证环节，可能存在作业人员多借工器具的情况，使得资产使用效率较低；同时，对于人员漏带工具无提醒机制，关键工器具的漏带可能导致生产作业的暂缓及延迟，影响工作进度。因此，应加强对出借设备与作业人员任务的自动匹配，进行权限验证，并提供工器具漏带提醒。

（3）作业人员到达生产现场进行作业时，由于生产现场情况较复杂，可能存在作业结束后离开时发生工器具遗漏或错拿的情况。对于工器具的遗漏或错拿缺少一种提醒机制，进而造成户外作业工器具丢失的情况。因此，应加强对进出生产现场工器具的核对管理，对于异常情况提供提醒。

（4）各部门工器具统一校验。由于各部门设备较多，只有靠条形码进行区分，一旦混淆辨认难度较大。因此以部门为批次分开校验，但同时使得校验周期较长，送检部门需通过校验人员查询设备校验进度，对于校验计划缺乏统一的提醒。因此，应加强送检设备的信息识别，提供校验进度的实时查看、送检提醒的自动发送等，以加强校验的监控管理。

7.2.2.2 应用设计思路

通过物联网技术对工器具管理，一方面通过电子信息标识技术对生产用资产进行标识，便于对生产用资产的出借、归还及使用情况进行监控；另一方面通过在校验室中设置读写器，配合校验计划，完成送检设备的校验监控管理。工器具管理场景架构如图 7－3 所示。

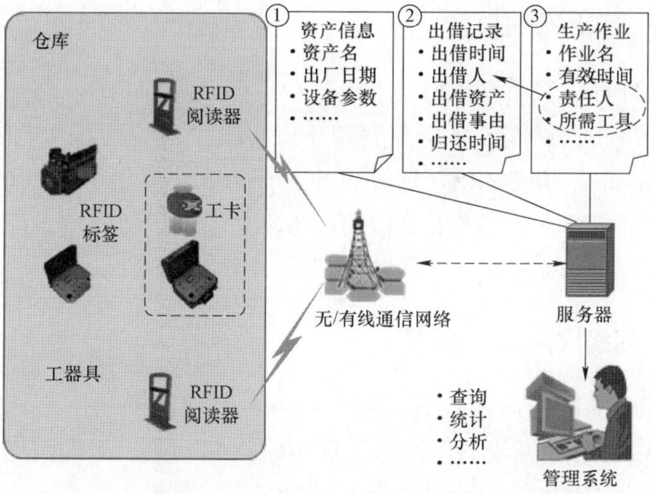

图 7－3　工器具管理场景架构

物联网技术应用于工器具管理的整体框架，包括感知层、网络层和应用层。感知层采用 RFID 标签、手持式 PDA、门式阅读器和读写器，在生产用资产及作业人员工卡上贴附有源 RFID 标签，资产标签内存储其对应的唯一标识码、资产名、技术参数等信息，作业人员工卡标签内存储员工的唯一标识码、员工基本信息等，手持式 PDA 可读取标签信息并与后台应用系统做交互，门式阅读器可读取标签内信息，读写器可对范围内资产的标签进行读写操作；在网络层，阅读器或 PDA 将读取的资产及作业人员工卡信息通过工作区域的无线局域网传给站内路由器，再经由专网上传至应用服务器，或直接通过移动通信网络上传至服务器（对于作业场所无网络的情况，作业结束后用工作计算机通过专网上传至服务器）；在应用层，应用服务器获取上传的数据，匹配生产作业计划、记录出借及归还情况、提供逾期未还提醒等功能。

物联网技术在工器具管理中的主要应用包括：

（1）通过在仓库现场读取资产及作业人员的标签信息，并匹配生产作业计划，进行权限确认后，自动完成设备的出借与归还管理，并提供漏带提醒、逾期未还提醒。

（2）通过在生产现场读取进出人员及工器具的 RFID 标签，自动记录资产出入情况，并提供工器具漏带提醒。

（3）通过读取送检工器具的部门信息、校验计划、校验流程等，系统自动发送送检提醒给管理人员及相关部门，各部门可实时查看仪器校验进度。

7.2.2.3 感知层硬件需求

感知层硬件标识需有源RFID（员工工卡）、无源RFID，感知层读卡器应用于门禁系统，感知层终端设备上需有带RFID及条形码读写功能的手持式PDA终端，该PDA支持3G/GPRS，屏幕尺寸大于10in，质量小于1000g，户外强背景光时屏幕高亮度显示，续航时间大于5h，具备可扩展卡槽，配备车载充电器和备用电池。

7.2.2.4 网络层网络需求

工器具管理的网络层结构为无线局域网或者移动通信网络。对于无线局域网，RFID阅读器通过无线局域网与无线网络终端连接，无线网络终端通过内网与后台应用服务器连接；对于移动通信网络，阅读器直接通过移动通信网络与应用服务器连接。

在此过程中要求作业场所的无线局域网或移动通信网络通信范围能覆盖整个作业场所，传输速率能支持作业场所内所有RFID阅读器，同时与系统终端间进行数据传输，支持无线局域网络标准IEEE 802（对于无线局域网），支持常见的网络传输协议；作业场所终端与应用服务器间基于已有内网进行通信。

7.2.2.5 应用层功能需求

为加强对工器具的出借及归还管理、生产现场管理及校验过程管理，将物联网技术应用于工器具管理中，主要有如下功能需求：

1. 工器具的借还管理

（1）自动匹配生产作业工单，完成出借手续。作业人员到仓库选取所需工器具后到出入口处，阅读器自动读取作业人员工卡的RFID标签信息，系统在“生产作业计划”表单里匹配作业人员ID，屏幕显示该作业人员的生产作业计划清单。作业人员选择某时段内（如3天）一项或多项需要领取资产的生产作业计划，并单击“确认”。阅读器读取作业人员携带的资产标签信息，并将其分别与“生产作业计划”表单中该作业人员的“作业资产”字段和“出借记录”表单中该作业人员的“出借资产”字段核对，若“作业资产”字段不匹配或“出借资产”字段重复（已出借），则作业人员不具备该资产的出借权限，出入口处屏幕显示“无权限，不予出借！”，并发出警告。作业人员将该资产放回指定区域后，系统解除警告，超过一定时间（如 10min）仍未放回，系统通知管理人员。对于权限内资产，系统将读取的“出借资产”清单与“生产工作计划”表单中“作业资产”字段进行对比，确认该作业人员是否有漏带资产。如有漏带，系统提示“是否仍需借用以下设备：”，并显示漏借资产清单，作业人员按“是”按钮回仓库取所需资产，重复上述操作；或直接按“否”按钮，确认遗漏项。出借信息匹配后，屏幕显示“出借人”“出借资产”列表、“出借时间”等信息，作业人员按“确认”按钮，系统自动完成出借手续，将信息存入“出借记录”表单中，将该资产的“资产状态”改写为“出借”，屏幕显示“出借成功！”，并将数据上传至服务器。

（2）自动匹配出借工单，完成归还手续。作业人员将出借资产带至仓库出入口处，阅读器自动读取资产及作业人员的 RFID 标签，并验证其与“出借记录”表单中“出借人”“出借资产”字段是否匹配，屏幕显示不匹配项并警告，归还人员按“确认”按钮。系统显示“归还人”“归还资产”列表、“归还时间”等信息，归还人员按“确认”按钮，系统完成归还手续，显示“归还成功！”，将该资产的“资产状态”改写为“归还”，并将数据上传至服务器。

（3）系统实时查询，提供逾期未还提醒。系统每天统计当天“出借记录”表单中“资产状态”字段为“出借”的资产，将其中“应还时间”字段已超过当天的定义为逾期未还资产，系统汇总出“逾期未还清单”通过 OA 发送至各主管及出借人，并发送归还提醒短信至出借人手机。作业人员凭借个人账号、密码登录工器具保管系统，单击“查询”，可查看该人员的出借记录，如“出借资产”“出借时间”“应还时间”“归还记录”等信息。

2. 工器具的生产现场管理

（1）当作业人员带齐生产用资产进入生产现场时，作业人员用手持式 PDA 或由智能门禁系统读取作业人员工卡，显示该作业人员“生产作业列表”，作业人员选定将要操作的某项作业，按“确认”按钮。同时系统读取作业人员携带的资产的 RFID 标签，系统将读取的资产清单与“生产工作计划”表单中选定作业的“作业资产”字段匹配，以确认其是否有漏带，若有遗漏，系统提示“注意！有如下遗漏，是否继续作业？”。作业人员如需资产则按“否”按钮，待备齐资产到达现场后重复前述操作；否则按“是”按钮，确认遗漏项。遗漏项确认后或无遗漏项时，PDA 显示“作业人员名”“进入时间”“带入资产”等信息，作业人员核对无误后按“确认”按钮，进入生产现场开始作业，系统将作业人员的作业工器具信息存储入“生产现场工器具使用”表单中，将作业人员的作业状态改写为“作业中”，并将数据上传至服务器。

（2）生产作业结束后，作业人员带齐资产离开现场。现场管理人员用手持式 PDA 或由智能门禁技术读取作业人员的 RFID 工卡信息，显示该作业人员已开始的作业清单，并扫描其携带的资产的 RFID 标签，系统自动将读取的资产清单与“生产现场作业工器具”表单中该人员的“带入资产”字段匹配，以确认是否有遗漏项。若有遗漏资产，系统提示“注意！有如下遗漏，是否确认离开？”。作业人员如需带齐资产，则按“否”按钮，回到生产现场带齐所有资产后重复前述操作；否则按“是”按钮，确认遗漏项，离开作业现场。确认遗漏项后或无漏带项时，PDA 显示“作业人员名”“离开时间”“带离资产”等信息，作业人员核对无误后按“确认”按钮，离开生产现场，系统将信息存储入“生产现场工器具使用”表单中，人员的作业状态改写为“作业完成”，并将数据上传至服务器。

3. 工器具的校验过程管理

（1）快速区分仪器归属部门，自动发送送检提醒。通过为送检工器具粘贴 RFID 标签，加入“归属部门”字段，当各部门设备统一送至试验所时，能通过阅读器快速区分不同部门的设备；试验所制定各类型工器具的校验计划，并给工器具加入“校验计划”表单，该表单包括“校验类型”“校验周期”“送检时间”“校验完成情况”等字段，系统每个月汇总“校验计划”表单中“送检时间”字段属下个月范围的设备列表，按“归属部门”字段进行分类，得出“各部门下个月送检设备清单”，并将该提醒通过 OA 发送至各部门负责人。如设备到期仍未送检，系统发送“强制送检通知”给相关部门。

（2）自动记录校验过程，校验进度实时查询。试验所制定各类型工器具的校验流程，为仪器设备加入“校验流程”表单，包括“校验类型”“校验环节”及“环节状态”等字段。在校验室不同环节各设一读写器，工器具进入读写器的读写范围后，读写器所处校验环节的“校验状态”字段被改写为“处理中”，同时系统将“处理中”的上一环节的“校验状态”字段改写为“已完成”。特殊情况由作业人员用手持式读写器将该环节的“校验状态”字段改写为“故障”。作业人员可通过管理终端查看仪器校验进度。

7.2.3　电动汽车充电桩管理

7.2.3.1　应用需求分析

充电设施是制约新能源汽车快速推进的最大短板。近年来，诸如充电桩等基础配套设施的相对滞后现象日益突出。虽然充电桩数量在快速增加，但不可忽视的是新能源汽车的增长规模仍然大幅度高于充电桩数量的增长规模，也就意味着车桩之间的缺口仍在不断扩大。

目前，充电桩行业仍不够成熟，未来几年内，无论是商业模式还是产品技术都将迎来一轮较大的飞跃乃至变革。因此，提前把握充电桩行业的变革趋势至关重要。电动汽车充电桩管理面临的问题主要如下：

（1）充电桩智能化程度低。在大数据、物联网、人工智能、虚拟助手等新科技的推动下，充电桩的智能化程度越来越高。目前，使用手机进行充电设备位置的用户占据了充电用户的大多数。充电客户还可以通过手机客户端进行系统访问和充电缴费。充电桩主可以通过手机实现对充电设备的远程监控，保证充电业务正常运营。此外，充电桩与手机配对后，充电桩主可通过手机远程错峰充电，节省充电费用。这些手机应用都充分挖掘了充电桩的使用功能，在很大程度上提高了充电桩的使用效率。

（2）支付场景缺乏便捷化。支付的便捷性对于充电桩行业的发展至关重要。目前充电桩行业支付场景仍存在诸多问题：许多充电桩只能支持单一卡类，容易给使用客户带来需要多个支付终端的麻烦、支付终端升级麻烦、支付终端运行状态难以了解等。

因此，未来公共环境下的充电桩需要支持更加种类繁多的支付方式，如微信、支付宝、城市一卡通、银联卡等。不同的支付方式用以满足不同消费群体的要求。此外，还需要开发更多种类的充电增值服务业务，从充电服务延伸到分时租赁、电动汽车售后服务、与商场和超市商户合作等方面。

（3）车辆到电网技术尚未普及。车辆到电网（vehicle－to－grid，V2G）技术的核心思想在于电动汽车和电网的互动，利用 V2G 技术可以实现电动汽车和电网之间的双向通信和双向能量流，能够有效地管理电动汽车的充放电过程，最小化电动汽车负荷对电网的冲击，同时充分利用电动汽车的电池资源增加电网能量管理的灵活性和稳定性；也就是说，当电网负荷过高时，由电动汽车存储能源向电网馈电；而当电网负荷低时，用来存储电网过剩的发电量，避免造成浪费。因此，V2G 技术是融合了电力电子技术、通信技术、调度和计量技术、需求侧管理等的高端综合应用，将使电网技术向更加智能化的方向发展。

7.2.3.2　应用设计思路

建设充电站管理系统、车主 APP、智慧充电管理后台系统，实现电动车主专用 APP 对接充电站运营系统，以便车主能方便快捷地进行充电桩查找、定位，导航充电桩或充电站，轻松实现充电桩的启停、预约、充值、付费、查询实时充电状态和进度等服务，如图 7－4 所示。

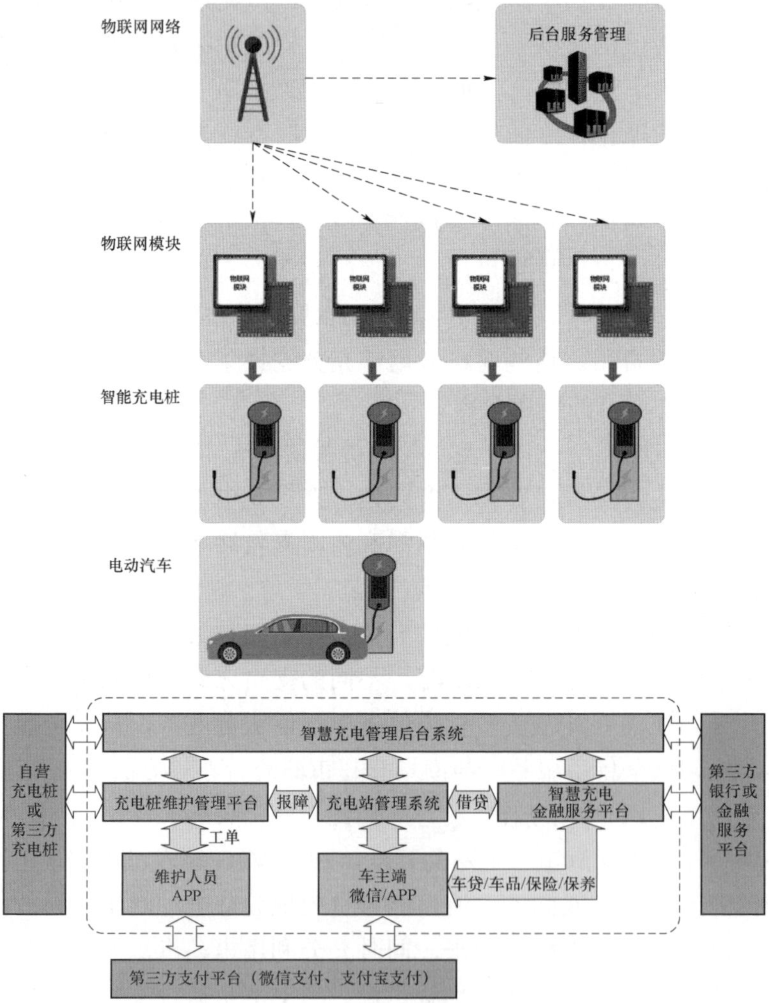

图 7－4　电动汽车充电桩管理

电动汽车充电桩管理主要为充电桩运营单位的管理提供有力支撑，保证电动汽车充电运营高效有序，实现运营智能化、标准化管理，其主要实现目标如下：

（1）对充电桩进行数据收集并统一管理，极大地提升运营者管理效率，并可轻松地解决使用者找桩难的问题。

（2）采用物联网、大数据等技术，构建深度分析模型，实现自助充电、智能导航、最佳充电时间提醒、充电行为优化等智能服务。

（3）为车桩和电动汽车（车主）提供最匹配的供需充电对接信息，让闲置资源发挥作用，参与方共同提升价值，促进行业发展。

（4）可以通过 APP 查找搜索附近充电桩的分布情况，找到合适的充电桩进行充电，充电过程中实时监控充电进度、充电桩运行状态及车载电池数据，并有多种支付方式进行充电结算等应用。

充电桩运营方对资产、订单、充电、计费和结算等运营服务进行全过程管理，实时掌握各站点充电桩使用率，使订单、收入等运营动态一目了然。

7.2.3.3　感知层硬件需求

感知层包括 Zigbee/LoRa 传输节点、数据采集模块、GPS 模块、电流/电压传感器、位移传感器、红外线传感器、摄像头等。

充电站内设备较多，加强对充电站内设备的全面检测显得尤为重要。充电站的监测包括充电车位监测、充电状态监测、视频监测、安防监测和烟雾报警等，是电动汽车安全、可靠充电，充电站内设施安全运行的重要保证。

将 RFID 标签等传感器置入充电站的充电机和充电桩中，可以识别充电电池组的状态，计算剩余充电时间，自动开合充电电路，实现充电的自动化管理。将充电站内的烟雾传感器、安防传感器、视频摄像头通过物联网接入监控系统，可实时监测充电站内设备运行情况，确保充电站内设备安全，如图 7－5 所示。

对大量充电设施的资产管理将是一项十分庞大的工程。应用物联网可了解充电设施的安全状况，发现充电设备的故障隐患，并及时进行维修，实现充电设施的全生命周期管理。将 RFID 标签和标识编码系统应用于充电设施，进行资产身份管理、资产状态监测、资产全生命周期管理，能够自动识别目标对象并获取数据，并将充电设施运行情况及时上报给资产管理中心，可使资产管理中心制订出科学的检修计划，实现有针对性、有计划的设备巡检、维修，如图 7－6 所示。

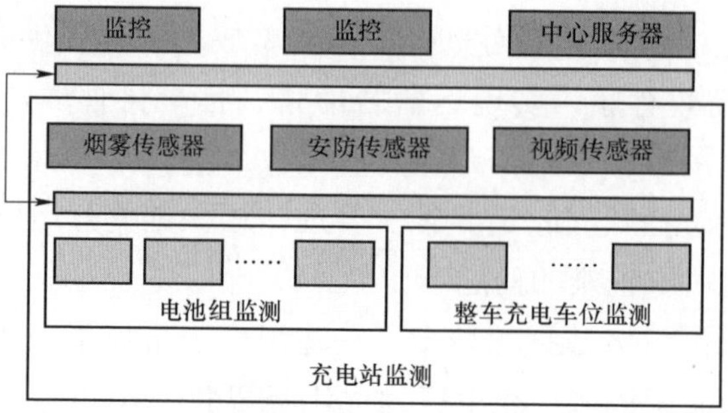

图 7－5　物联感知设备应用于充电设施的监测

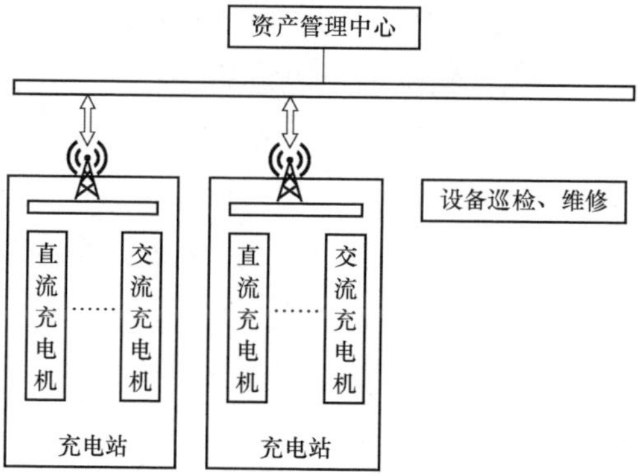

图 7－6　物联感知设备应用于充电设施的资产管理

7.2.3.4　网络层网络需求

网络层包括 Zigbee+4G 或 LoRa+4G 网关设备、无线连接设备、无线传输网络等。

借助 Zigbee/LoRa、4G 等无线技术，通过无线数传模块、采集模块、智能网关等物联网设备，实现充电桩定位、充电桩充放电控制、充电桩状态监控、充电桩周边环境监控、多充电桩统一管理等功能。

（1）有线方式组网。每个充电桩通过 CAN 总线将自身的状态上传给主机，然后主机再通过以太网将数据传到后台服务器，服务器处理后的数据将信息传递给最终的用户。

（2）无线方式组网。在每个充电桩上面都装有一个 Zigbee 模块，任意选择一个节点作为主节点，主节点负责将子节点的数据进行采集处理，然后通过 GPRS DTU 上传到后台服务器。

7.2.3.5　平台层支撑需求

1. 充电桩状态监控

系统通过 Zigbee/LoRa 模块、数据采集模块、电流/电压传感器等感知设备，同步采集充电桩的电流、电压、开关状态、保护状态等数据信息。

2. 电动汽车充电监控

充电时的输入/输出电压、电流、电量、功率因数、充电时间、当前充电模式、充电机故障状态等数据采集。

3. 图像、视频信息采集

各区域均装有摄像头，可监控充电桩周边环境信息，避免充电桩设施被人为破坏，同时可第一时间发现一些由外部恶劣环境引起的设备风险。

4. 充电桩广告屏多媒体广告信息发布

根据管理平台可以设置广告屏需要投放的内容。

5. 资产定位

通过 GPS 模块的嵌入，在系统平台地图上可清晰地看到每个充电桩的位置坐标。

6. 分散式布局的充电桩集中化管理

通过终端系统管理平台，可实现远程大规模充电桩的集中化统一管理，实时掌握终端运行状况，可降低充电桩企业的运营成本，提高运营商的服务质量和经济效益。

7.2.3.6　应用层功能需求

1. 用户注册

车主下载 APP，需要注册账号之后才能使用 APP，注册时需要填写手机号，验证手机号之后设置登录密码即可成功注册账号，使用手机号和登录密码即可登录 APP。

2. 充电站搜索

系统提供充电站的搜索功能，用户可以根据不同的条件进行组合查询，如充电站类型、适配车型等条件。系统还提供不同的排序规则，如可以根据距离远近进行排序，也可以根据其他条件进行排序。

3. 地图定位导航

系统提供充电站的导航功能，可以根据充电站的定位和用户使用的手机定位，计算出推荐驾驶路径，供车主导航。

4. 充电预约

为方便车主充电，系统提供预约充电桩的功能。车主在未到达充电站之前，可以选择充电站进行预约充电桩，预约充电桩需要支付一定的预约费用，预约成功之后，系统会给车主保留 30min 的时间（每个充电站具体的保留时间可以在后台进行维护），车主在规定的时间内达到充电站充电即可。

5. 取消预约

预约成功后，车主可以取消预约，取消预约后，预约费用会按原账号退回给用户。若车主超时未到达充电站进行充电，系统会自动取消预约，这时预约费用则不退回给车主。

6. 开启充电

车主可以通过扫描充电桩上面的二维码进行充电，扫描二维码之后单击确定，即可进行充电。充电期间系统可以监测充电状态，车主可以查看到充电时间、充电量和充电费用等信息。

7. 停止充电

当汽车电池充满电之后，系统会自动停止充电，或者车主可以主动选择停止充电，即可控制充电桩停止充电动作。

8. 充电结束支付

充电结束之后，系统会计算出本次充电的费用，车主需要支付本次充电费用。系统支持微信支付和支付宝支付。

9. 充电评论

充电结束后，车主可以评论充电站，同时评论可发表几十个文字，进行星级评价及上传图片（最多 3 张图片）。评论信息将会在充电站详情页面底部显示。

7.2.4 物联网终端管理

7.2.4.1 应用需求分析

目前，我国物联网已初步形成了完整的产业体系，具备了一定的技术、产业和应用基础，在国家顶层设计和各地各部门的不懈努力下，我国物联网发展取得了显著成效。我国的电力物联网业务市场正在快速地拓展中。

随着电力物联网的成型，需要针对海量的物联网终端形成接入管理体系，系统建成后，实现对物联卡（包括数据卡）的统一管理，对面向电网企业的支撑部门提供运营管理功能。

7.2.4.2　应用设计思路

物联网终端管理主要实现物联网终端智能设备/传感设备的接入控制、权限控制、运行管理。物联网终端管理场景架构如图 7－7 所示。

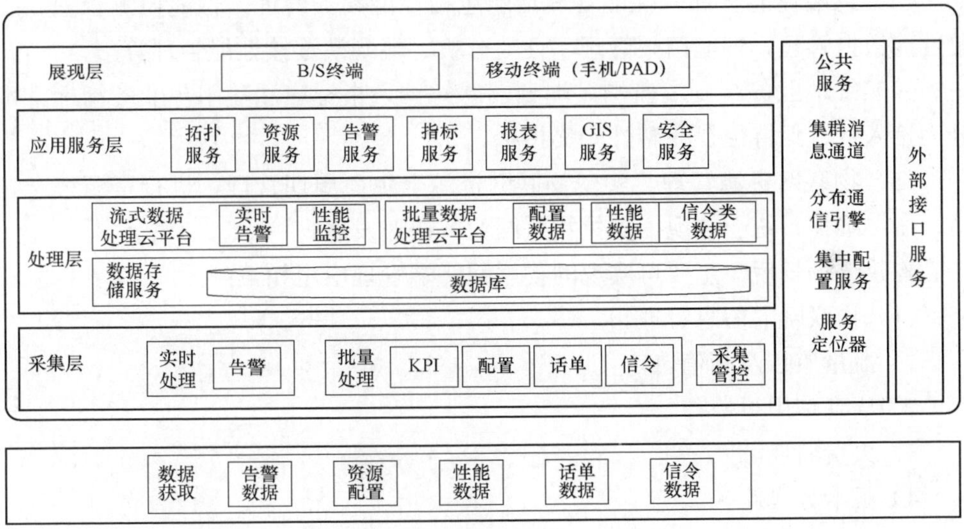

图 7－7　物联网终端管理场景架构

7.2.4.3　感知层硬件需求

该场景对于感知层没有特殊的要求，主要是对物联网终端数据的接入分析管理，原则上，在网的物联网终端均可接入到系统中。

7.2.4.4　网络层网络需求

网络层视感知层采集设备的具体情况选择相应的网络设备及组网方式，需根据不同的感知层硬件而定，该场景不做具体的网络要求。

7.2.4.5　应用层功能需求

该场景需要在平台层构建物联网终端管理模块，实现终端准入及运行管理。

（1）网络告警管理。告警管理功能包括告警收集与显示、告警确认与消除、告警过滤、告警同步、告警反转、告警分析、故障测试与校正、告警级别管理、端到端告警管理。

（2）性能告警指标集。根据部分现有物联网业务的 XDR 信令和业务数据，初步筛选出 S1－U 口控制面和用户面的若干故障监控指标及建议阈值，目前正在分析更加全量的物联网业务 XDR 数据，进一步优化完善监控指标和阈值门限。

（3）终端性能管理。性能管理功能包括性能参数管理、性能监测管理、历史性能数据管理、性能门限管理、性能分析、端到端连接性能管理等。

（4）终端业务端到端监测。端到端感知体系指标应涵盖用户业务指标，可分为接入性、保持性、完整性三类指标。

（5）物联网资源管理。实现物联网资源全生命周期管理，进行资源统一建模、统一维护、统一展现，支撑物联网业务快速发展。

构建该场景后，主要可实现的物联网终端管理应用如下：

（1）物联网卡信息管理。

1）流量监控及阈值自定义。

2）语音使用量监控。

3）欠费监控。

4）机卡分离监控。

5）实名制监控。

6）故障预警。

7）漫游及欠费预警。

（2）物联网终端使用统计。

1）以终端号码为维度，统计各用户号码累计使用次数、累计使用时长、平均使用间隔时长。

2）以终端号码为维度，按天统计用户流量、时长、使用次数等指标；统计用户的流量、时长、上网时间段、访问省个数、访问地市个数、访问基站个数。

3）在地图上标记出特定追踪用户的活动轨迹；不同网络接入方式的活动范围，用不同的颜色标记出来，并可以查找在各个位置的时间点。

（3）系统能力开放。

1）物联网总体业务质量分析。

2）行业用户整体业务质量分析。

3）单用户行为分析。

4）物联网卡智能巡检。

7.2.5　保供电移动应用

7.2.5.1　应用需求分析

随着我国社会经济的高速发展，居民生活水平的迅猛提高，社会各界对电力的依赖性逐日增强，对电力服务保障安全、连续、稳定供电也提出了更高的要求。除传统的春节、国庆等节假日及“两会”、党代会等大型政治活动需要用电安全保障外，更有一些大型赛事活动对保供电工作提出了很高的要求，每年众多保供电任务的有效实施是对城市用电可靠性的一个重要保障。当前缺乏一种技术手段实时对保供电现场进行管控，及时把实时现场的信息传达到指挥调度中心。因此，希望通过移动互联技术加强对现场的管控，提升保供电的实施管理水平。

现行的现场保供电管控体系存在很大空间，具体如下：

（1）保供电现场涉及人员众多，交流效率低下，多依赖于保供电方案的事先部署，指挥中心管理人员、值守班组人员、巡视班组人员之间往往需要反复通过电话和短信进行信息确认和反馈，缺乏机动性的应急处置机制，降低了保障供用电业务的效率。

（2）保供电现场位置众多，现场需要维护的设备数量多、分布广，在人员有限和紧急状况下，不熟悉现场的巡视班组人员还需要耗费更多的精力来寻找保供电位置，查找相关配电房和需要维护设备的信息，同时在应急指挥中心的管理人员对现场的实际状况无法掌控，无法在地图等更直观可视化的界面上及时把实时现场的信息传达到指挥调度中心。

（3）保供电任务派发以往都是通过纸质化工单的形式进行通知，指挥决策主要依赖人工经验，而现场的工作人员对自身的保供电任务有时也不清晰，任务流程易混乱，缺乏现场实时监察管控画面及前后方信息互动体系。

（4）对保供电过程缺少后期的状态回顾及评价机制。

7.2.5.2　应用设计思路

该场景利用物联网图像识别技术、视频采集技术、RFID 定位技术，实现任务通知、现场视频直播、地图定位、详情上报、现场沟通，围绕指挥中心的管理人员、值守班组人员、巡视班组人员的职责，遵循操作简便、可用易用的设计原则，以保障供用电业务流为核心，通过保供电移动应用实现任务统一指派、进度全面监控、结果统一上报等一体化现场实时管控策略，保障保供电过程信息流动与共享的效率。保供电移动应场景架构如图 7－8 所示。

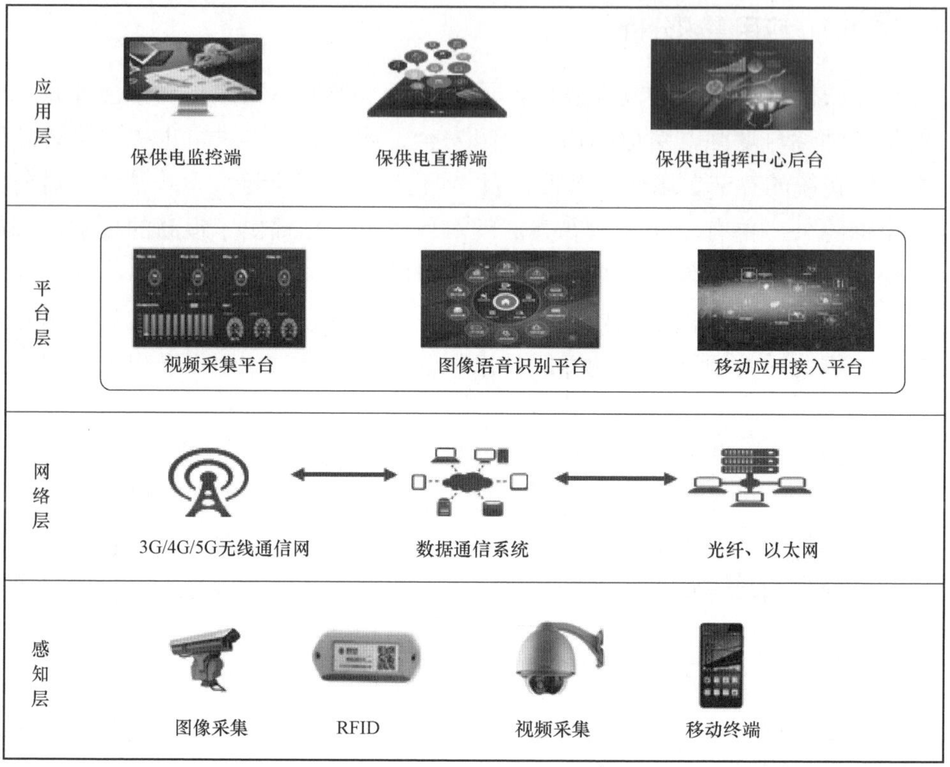

图 7－8　保供电移动应用场景架构

7.2.5.3　感知层硬件需求

感知层硬件需求主要包括图像采集设备、无源标签、视频采集设备及移动终端。

7.2.5.4　网络层网络需求

保供电移动应用网络层结构为通过站内无线通信网络的方式实现移动终端与内网应用服务器间数据的实时传输。

7.2.5.5　应用层网络需求

该场景基于物联网技术应用主要实现项目精细化管理、人员可视化管理、工单智能化管理、人员精确定位。

1. 项目精细化管理

将现有的保供电项目任务编制成系统项目在信息系统中录入，便于管理人员对项目任务信息的后期查询、记录与巡视，值守人员的现场管理。管理人员通过移动终端对各地的保供电现场值守和巡视签到状况进行审核与记录，便于信息的及时传递与日后查询。

2. 人员可视化管理

将保供电任务、用户高压配电房等地理位置在信息系统中录入，车辆可通过 GPS 车辆定位系统进行定位，班组人员现场值守和巡视情况进行基于 RFID 的可视化呈现，充分利用远程视频采集对现场实施和运行的安全情况进行实时监控，把监控与任务相关联，便于管理人员的侧重管理。

3. 工单智能化管理

管理人员可以通过系统将任务以工单的形式，通过图像语音识别技术实现智能工单录入，与现场巡视和值守人员进行信息沟通交流，实时掌控现场工作情况，为远程工作者沟通提供极大的便利，实现任务工单化。当有新的任务产生时，系统将自动推送提醒消息，避免值守和巡视人员错过处理事情的最佳时间，使工作更高效，实现工单价值化。

4. 人员精确定位

通过远距离、非接触式采集电子标签的信息，实现人员在移动状态下的自动识别，从而实现目标的自动化管理。

7.2.6 室内综合监控管理

7.2.6.1 应用需求分析

目前，针对室内的监控一般有动力设备监控、环境变量监控、视频监控及出入门禁监控等。但是传统的建设方式都是基于有线线缆的方式进行部署，而且没有形成一体化的室内综合监控管理。

该场景基于物联网技术构建的一体化的室内综合监控管理，基于各类环境传感设备、视频监控设备，实现对室内进行智能监测和预警；基于物联网技术实现服务器的远程开机、关机操作，实现平台化管理和节能用电；基于 RFID 和二维码进行 IT 设备标识，实现智能识别、智能巡检等。例如，配电柜设施可外接物联网传感器设备、控制设备或计量设备，实现采集周边环境、温度、水浸、火灾、门禁、电流、电能量等的远程智能采集通信控制网关。

7.2.6.2 应用设计思路

室内综合监控管理场景架构如图 7－9 所示。

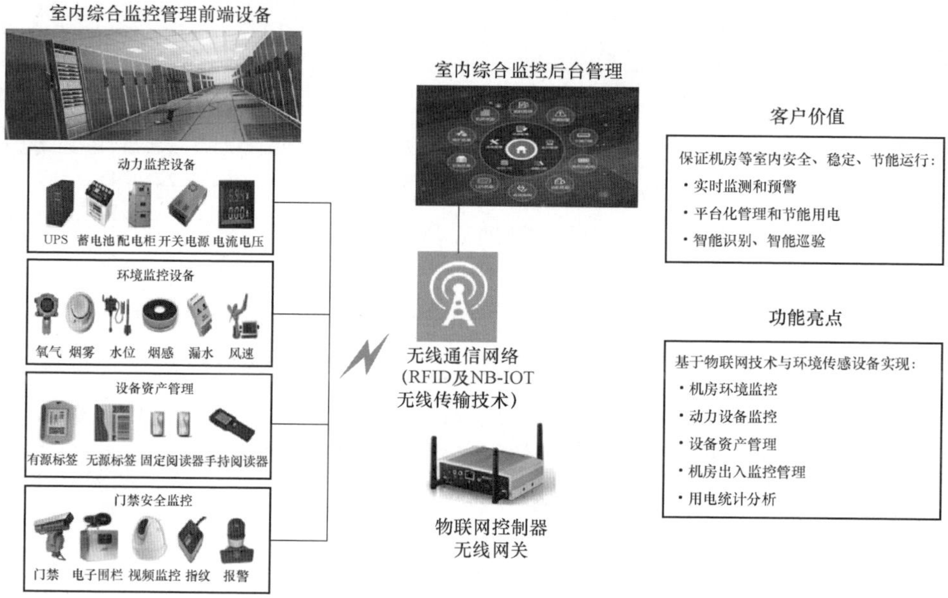

图 7－9 室内综合监控管理场景架构

对于新建的室内综合监控场景，建议采用新型的物联网传感器终端，其部署架构如图 7－10 所示。

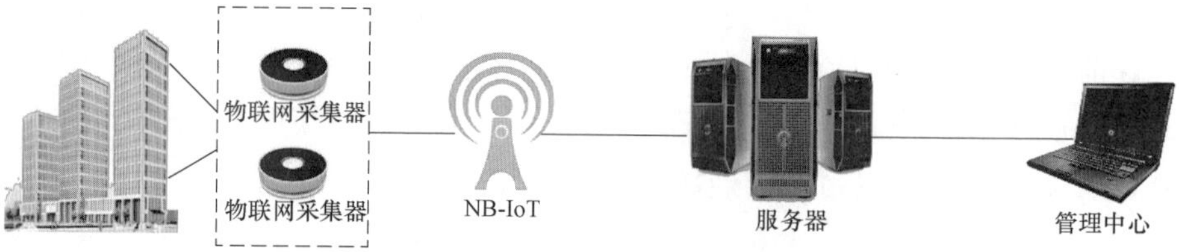

图 7－10 新建场景的部署架构

对于原有的室内综合监控场景，建议采用加装物联网模块及控制器的方式，利用原来的传感器，其部署架构如图 7－11 所示。

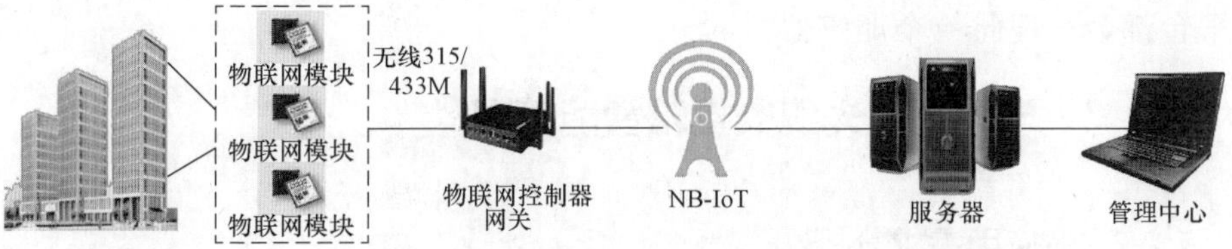

图 7-11　利用原有场景的部署架构

7.2.6.3　感知层硬件需求

该场景需要部署物联网终端实现室内综合监控管理，硬件主要包括动力监控设备、环境监控设备、设备资产管理及门禁安全监控设备等。下面以无线烟感为例，说明新建场景及利用原场景的建设方式。

1. 新建场景构建综合监控管理

（1）基于 NB-IoT 智慧烟感的引入，可解决传统烟感器布线难、电池使用周期短、维护成本高、无法与业主及消防机构交互等缺点，采用无线通信，即插即用，无需布线，易于安装；功耗低，无须频繁更换电池，有效降低维护成本。

（2）实时上报火灾状况，多维度、多角色、多状态及时通知火警状态，降低人财物损失；同时可接入大数据平台，帮助政府决策，治理消防隐患。

（3）智慧烟感的引入，帮助运营商开辟了全新的机会点，增加收入的同时也开辟了一整片未知的市场空间；使得普通住户的业主在小投入的前提下对家庭火灾进行防范，保障了市民的生命财产安全；同时也给政府及相关的消防部门提高火灾防范以有力支撑，避免火灾造成的经济损失和社会危害。

2. 利原有场景构建综合监控管理

（1）室内安装一个控制器，一个控制器可以采集多个烟感信息。烟感采用无线通信与控制器连接，控制器通过有线或无线网络传到服务器，相比传统烟感器布线难、维护成本高。无线烟感只需安装控制器即可。

（2）与 NB-IoT 烟感成本较高相比，433MHz 无线烟感成本较低，只需要在控制器端加装一个传输模块，就能把机房内的烟感信息传至服务器。

室内综合监控管理场景的技术特点如下：

（1）烟感终端无线布放，蓄电池供电，无线 315/433MHz 回传信号。

（2）NB 烟感控制采用 NB 模组，需要接电源线供电，信号采用 NB 无线回传。

（3）服务器平台可对每个烟感节点进行监控（即某个烟感器发生告警时，

在平台都会管理此单个烟感器）。

7.2.7 电力通信光缆交接箱智能管理

7.2.7.1 应用需求分析

光缆交接箱（也常称为光交接箱），是电力通信光传输中机房到用户之间光缆配线的重要户外节点。光交接箱的安全关系到内部光缆线路的安全，提高其监控和管理水平，将影响整个光网络的维护质量，但是在实际维护管理中往往存在以下问题：

（1）安装、使用环境复杂，管理不便。

（2）箱体安全管控困难，箱体状态无法实时监控和管理，出现损毁后无法追查，当箱体出现箱门未关、倾斜、进水等异常情况时无法预警。箱体的异常情况有部件缺失、柜门敞开、锁具损坏、破损严重和纤芯混乱等，如图 7－12 所示。

图 7－12 光交接箱的异常情况

（3）箱体的门锁种类多，安装维护人员需携带大串钥匙，或到供电局单位（简称局方）借用钥匙，无法防止私配钥匙。

7.2.7.2 应用设计思路

为了防止发生因光交接箱不正常开门、门锁缺失、非授权开门引起线路故障和衍生事故，利用物联网技术建立电力通信光交接箱的智能维护管理系统，将给网络运维人员带来极大的便利。该场景主要由前端物联网传感器监控单元与后端管理平台构成，系统组网架构如图 7－13 所示。

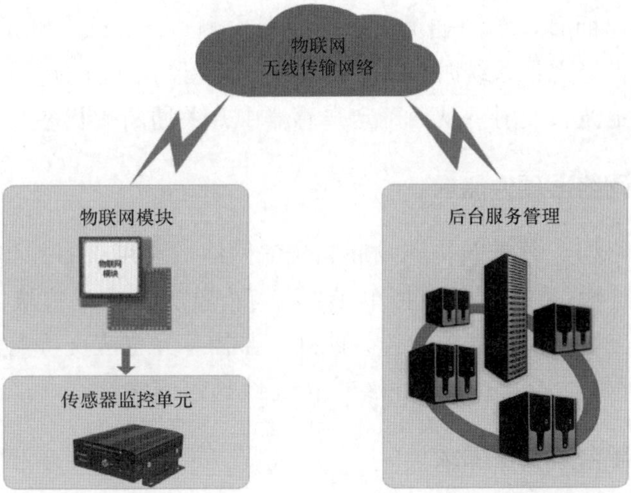

图 7-13　光交接箱智能管理系统组网架构

7.2.7.3　感知层硬件需求

感知层需要部署基于物联网技术的光交接箱监控单元，其主要的技术性能如下：

（1）无线传送。可选内置 NB-IoT 模块，告警信息通过物联网络实时传送。

（2）监测采集全面。温度、湿度、门磁、倾斜、电池电压、水浸。

（3）自带存储。当传输网络出现故障时，可以存储开门等告警数据。

（4）电池寿命长。内置电池，静态电流小于或等于 20μA，电池使用寿命大于 3 年，更换电池简单便捷，设备寿命大于 6 年。

（5）可靠性高。设备接收机灵敏度不小于 -125dBm，可与物联网主流开放平台对接。

智能监控单元传感器采集光交接箱门开关、倾斜等状态信息，在光交接箱内采用光纤通断开关来获取以上状态，并可采用波分技术（波分技术是将多个不同波长的光信号经耦合器汇总入一根光纤中进行传输的技术），为不同光交接箱中不同监控事件分配不同的波长信号；大批量光交接箱内的数字信号量是在光交接箱上联的业务汇聚机房（接入间）设置监测单元进行并发检测，当开关断开时光信号传输中断，信号消失产生告警事件；开关关闭时光信号恢复，系统发送告警恢复事件。

智能监控单元利用波长扫描方式，多波长同步分析。采用波长范围为 1270～1650nm，每个通道长 20nm，分辨率最小可达到 5nm，可同时容纳 60 路不同反射波长传感器。而且，单个通道所有传感器检测一次完成，通道的检测时间在5s以内，检测告警上报系统时延不大于10s，智能监控单元分析相应光交接箱传感器对应的特定波长反射，从而确定传感器中开关通断的状态。

7.2.7.4 网络层硬件需求

该场景网络层无须重新构建物联网传输网络，利用现有的传输网络环境进行信息数据的传输。感知层的监控单元终端可内置NB-IoT模块，基于NB-IoT网络可实现光交接箱侧数据的回传。此外，监控单元也应支持配置LoRa模块，可实现LoRa网络与4G/5G网络相结合的无线通信网络。

7.2.7.5 平台层支撑需求

该场景在平台层构建光交接箱的智能管理平台，实现对监控单元的接入管理、在线状态管理、数据采集管理、数据存储管理、数据分析管理、告警管理、数据结果展示等功能。光交接箱智能管理平台功能架构如图7-14所示。

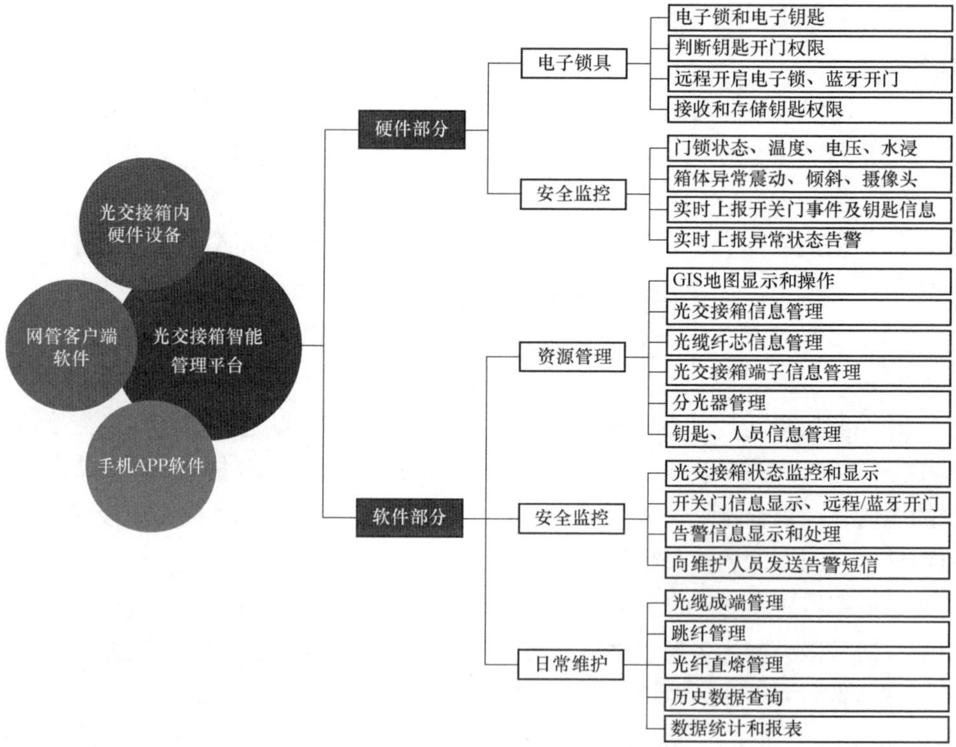

图7-14 光交接箱智能管理平台功能架构

7.2.7.6　应用层功能需求

应用场景基于上述物联网的整体部署，在应用层可实现对光交接箱的智能管理，应用层主要针对各种管理需求实现系统应用的数据挖掘及业务扩展[11]。

光交接箱的智能管理系统主要应用功能与流程如下：

1. 使用电子钥匙实现对光交接箱的开关

电子钥匙克服传统机械钥匙的管理难、携带不易和容易盗用等缺点，系统通过钥匙的授权、开关门统计和考核管理等功能，加强在光交接箱维护中钥匙管理的便利性，还有箱体动作信息的回传，实现整个维护流程的闭环管理。光交接箱维护时电子钥匙的使用流程如图 7－15 所示。

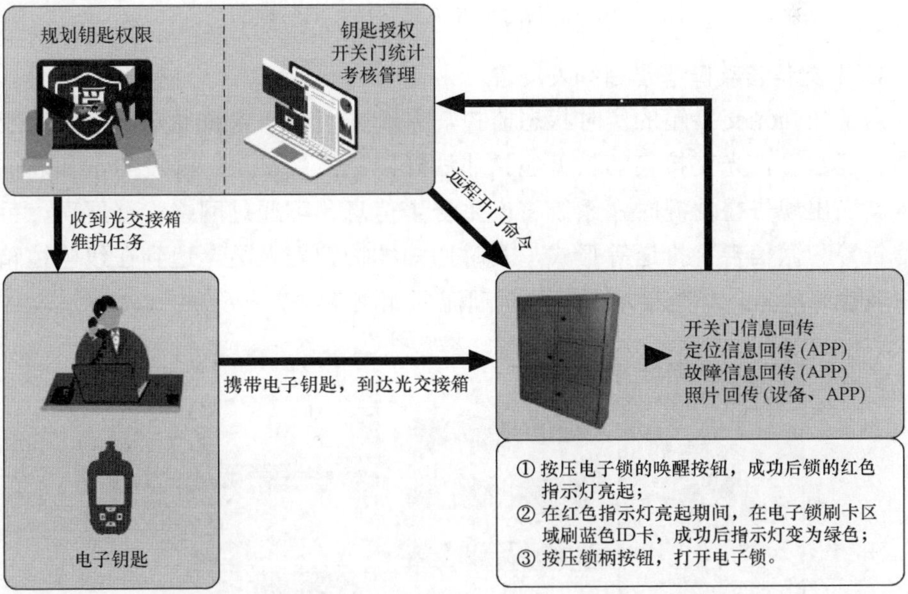

图 7－15　在光交接箱维护时电子钥匙的使用流程图

2. 后台远程实现对光交接箱的开关

系统也可以采用后台远程实现对光交接箱的开关，通过远程开门命令、开关门统计和考核管理等功能，在维护人员接到任务后，通过系统下发远程开门命令到箱体，维护人员即可打开箱体开展维护工作。维护任务完成后，箱体传感器将动作信息回传，实现整个维护流程的闭环管理。后台远程开关光交接箱的流程如图 7－16 所示。

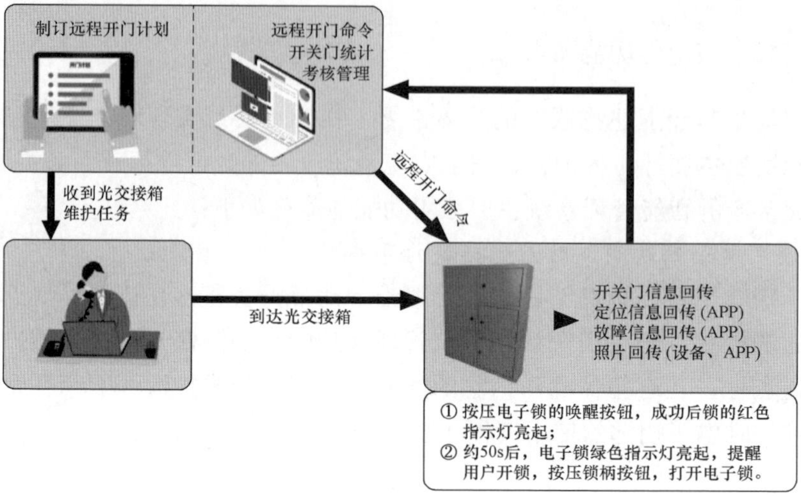

图 7－16　后台远程开关光交接箱的流程图

3. 光交接箱故障告警通知及处理

为了加强光交接箱的实时状态监控，系统采用故障告警通知与处理功能以提高管理水平，光交接箱的告警包括非法开门、电量不足、温度异常和通信异常等。当出现告警情况时，系统将产生告警信息，可通过网络告警展现、手机短信告警和微信告警推送等形式，及时通知维护管理人员，达到在线监控箱体与快速检修故障。光交接箱告警的管理流程如图 7－17 所示。

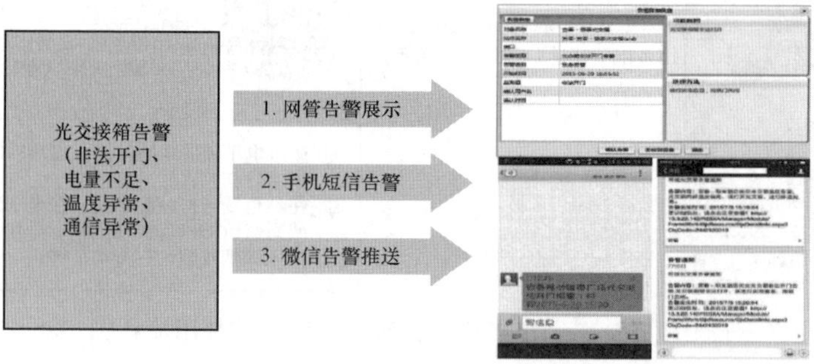

图 7－17　光交接箱告警的管理流程

7.2.8　智慧路灯应用管理

7.2.8.1　应用需求分析

近年来，随着城市建设规模的不断扩大，城市景观照明设施不断增加与完善，这些设施的投入使用，可大大提高城市的照明质量和照明舒适度，改善人居环境，减少交通安全和社会治安隐患，提升城市的形象。

随着城市景观照明设施的不断建设，传统照明及管控模式也暴露出诸多问题，现行的管控手段已不能满足城市照明的管理需要，照明管理工作迫切需要一套网络化、实时化、智能化、精确化的智慧路灯管理系统，为城市照明管理提供科学的依据，提高城市照明质量，降低光源污染，减少照明用电的浪费。

夜间的灯光既能给路人带来光明，也是美丽的风景，而且节能增效、实用可靠往往也是管理者所追求的。随着社会的发展及技术的进步，原来粗放式的路灯控制管理已不适宜当前的发展形势，智慧路灯可通过多种物联网和 IT 技术，实现远程单灯开关、调光、检测等管控功能，对路灯照明进行智慧管理。当夜色降临时路灯便会亮起来，随着道路上行人、车辆的增多，路灯会逐渐增加亮度；当夜色渐深，道路上行人、车辆减少时，路灯会逐渐变暗，达到节约城市照明能源的效果。现今国内各城市已逐渐采用智慧路灯代替传统的路灯，改造后的路灯可与智能安防监控相结合，在节约能源的同时增加了监控警报及城市管理的功能，为城市管理者提供了多维度的城市监管方案。

7.2.8.2　应用设计思路

智慧路灯管理系统是自动化、智能化、维护简便的城市照明管理系统，可体现路灯管理自动化、精细化的管理水平。系统可由智慧路灯控制终端、微系统传感采集终端、物联网网关、后台管理等组成。系统让管理人员实现远程管控各个控制网点，对管理信息一目了然。

各处的路灯状态和故障问题可以及时、有效地通过系统告警反馈给系统管理人员、路灯巡检人员，从而极大地提高了路灯控制效率及缩短路灯检修的时间，有效地提高了工作效率，节省人力、物力、财力。智慧路灯管理系统可实现对城市路灯的远程控制、自动监控和运行管理，提高城市照明控制和管理水平，管理人员和巡检人员足不出户即可了解城市各处路灯的运行情况，克服了人工巡检的盲目性，提升了路灯系统运行的稳定性，对城市照明管理和维修所耗费的人力、物力的节约起到了积极的作用。

随着第五代移动通信网络（5G）的迅速发展，未来几年内将出现 5G 基站建设井喷式的发展，但是基站的选址及取电往往成为制约 5G 基站发展的最基本要素。然而，智慧灯杆则具备天然的优势，成为部署 5G 基站天线的最佳载体。5G 基站可以利用智慧灯杆的杆体作为天线的抱杆，达到快速部署、高效覆盖 5G 网络信号的成效。据了解，新一代信息和通信技术正在把路灯杆纳入整体规划之中。由于路灯有着遵循城市道路、街道分布的特点，并且具备“有网、有点、有杆”三位一体的特点，是智慧城市的主要载体，智慧路灯将是智能化城市改造的主要站点，是城市迈向智慧化进程的主要门槛。未来，智慧城市建设、智慧路灯将与云建设、通信基础设施建设、5G 基站建设充分融合。

此外，智慧灯杆也可以借助 5G 网络作为回传网，实现灯杆前端与管理后台系统间的网络通道。5G 网络低时延、高速率的特性，将助力打造出一张高效能的智慧灯杆网络。

智慧路灯管理系统建设将很大程度上为城市的路灯建设和管理增添新的活力，同时将城市的道路照明控制、节能控制和自动管理推向智能化、节能化、环保化，有利于加快智慧城市建设的步伐。

智慧路灯管理系统实现的价值主要体现在以下几个方面：

（1）实现路灯的智能化照明，可实现路灯亮度随时间、人流、车流、天气变化而变化。

（2）实现路灯状态监控，可远程实时反馈路灯故障，井盖、广场健身设施监控，出水口和污水网水位监测等。

（3）实现能耗监控、路灯远程控制和平台智能展示。

（4）成为部署 5G 基站天线的最佳载体，实现 5G 网络信号的快速覆盖。

智慧路灯管理系统组网架构如图 7－18 所示。

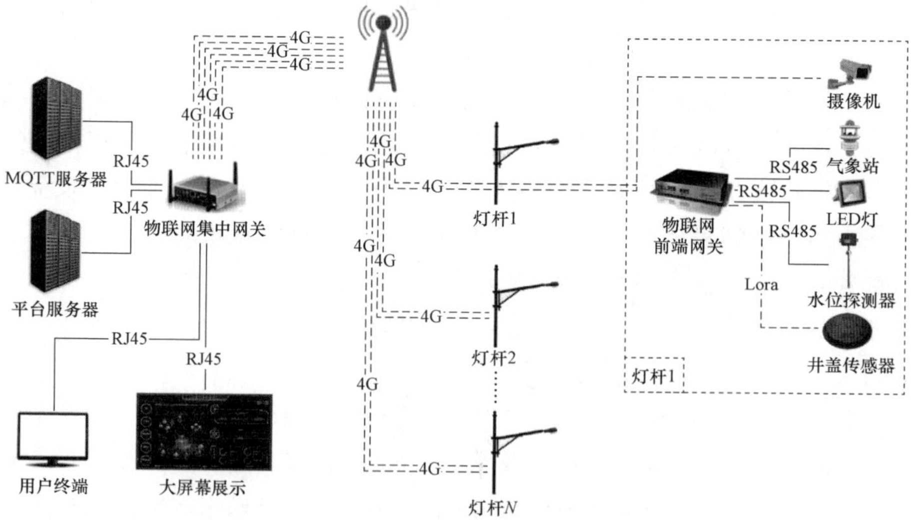

图 7－18　智慧路灯管理系统组网架构

7.2.8.3　网络层硬件需求

网络层无须重新构建物联网传输网络，可利用现有的传输网络环境进行应用场景的搭建。通过感知层的传感器终端可内置 NB－IoT 模块，基于 NB－IoT 网络可实现路灯采集数据的回传。此外，监控单元也支持配置 LoRa 模块，通过 LoRa 传输协议汇聚到物联网前端网关，前端网关通过 4G/5G 网络回传数据，实现 LoRa 网络与 4G/5G 网络相结合的无线通信网络。

7.2.8.4　感知层硬件需求

智慧路灯管理系统对感知层的硬件需求主要有智慧路灯杆体、微气象站、监控摄像机、水位探测传感器、物联网井盖传感器、物联网前端网关等。

1. 智慧路灯杆体

可以将原有灯具替换升级为智能 LED 灯具，智能 LED 灯具搭载智能控制模块，采用单片机 IT 技术、PWM 调光、继电器开关控制、RS485 通信、传感器技术，实现电压、电流、功率、电能等多种参数检测预警，可实现单灯精准控制（开灯、关灯、调光、分组）和智慧管理。改造后的灯具采用模组化矩阵式 LED 光源，整灯光强分布和眩光限制满足 CJJ 45—2006《城市道路照明设计标准》的道路照明要求。可根据要求定制灯头形状，路灯的功率可选。

路灯杆体预留 4G/5G 基站天线抱杆的位置，可支持基站天线的快速部署。

2. 微气象站

可选配气象站模块，通过传感器实现对区域内温度、湿度、光照度、风速、风力进行监测，智慧路灯管理系统可按路灯的一定数量划分区域，每个区域内布置一个气象站，区域内气象数据通过物联网前端网关上送至管理平台，管理平台可根据前端采集的气象信息进行智能分析并生成区域灯具智能调光策略，从而达到灯具照明随天气、时间变化而变化。

3. 监控摄像机

监控摄像机可对道路周围的人流量、车流量、环境形态进行监控，按路灯的一定数量划分小组，每组增加一个摄像机，可通过插入移动物联网卡将摄像机采集到的视频、图像信息直接传送至管理平台，管理平台通过对人流量及车流量的智能分析，可生成每组灯具智能调光策略，实现按需照明，进一步达到节能降耗。

监控摄像机还可实现对街道上的公共设备监控，在广场附近灯杆上添加摄像头，可对周边公共健身设备进行监控，管理平台通过摄像机回传的视频、图像信息进行智能分析，当健身设备被搬动时，管理平台会产生告警。

4. 水位探测传感器

在地下水道出水口及污水口处安装水位探测传感器，传感器通过 RS485/LoRa 连接至灯杆物联网前端网关，通过传感器采集水位监测数据上送至管理系统，当地下水位达到警戒线时，管理平台发出水位告警，并将告警信息同步发送至巡检人员手机端进行现场勘查。

5. 物联网井盖传感器

在井盖下方加装智能井盖监测传感器，传感器通过 LoRa 组网，当井盖发生倾斜并达到触发报警条件时，触发井盖传感器报警，将报警信号通过无线传输方式 LoRa 发送至灯杆内物联网前端网关，网关再上报至管理平台进行解析并判断警情，从而实现对井盖状态的远程监控。

6. 物联网前端网关

物联网前端网关安装在灯杆外部新增的小盒子内，盒子内含 12V 电源模块和物联网前端网关，前端网关可将 RS485/232 信号、LoRa 信号转换为 4G/5G 信号传至物联网集中网关。

7.2.8.5 平台层支撑需求

智慧路灯管理系统在平台层需要部署物联网集中网关、MQTT 服务、NVR 视频服务、后台服务管理系统等。

1. 物联网集中网关

将灯杆前端设备及物联网前端网关上送的数据通过集中网关发送至 MQTT 服务器，管理平台服务器通过集中网关调用 MQTT 服务器数据。

2. MQTT 服务

MQTT 服务支持一台服务器管理大量终端设备，在路灯控制中心部署 MQTT 服务器对灯杆前端数据进行解码及初步分析，有助于减少平台服务器的运算量，提高管理平台智能分析质量，平台服务器可直接通过 MQTT 服务器调用前端设备采集的数据，并通过 MQTT 服务器转发指令给灯杆前端设备。

3. NVR 视频服务

NVR 把网络摄像机采集的视频图像综合编码、压缩、存储、预览、管理、网传于一体，通过 NVR 可以实现观看、浏览、回放、管理、存储多个网络摄像机数据。

4. 后台服务管理系统

平台服务器搭载灯杆管理平台，可实现灯杆设备管理、照明管理、监控管理、环境监测及能耗分析功能，管理平台可通过 GIS、三维建模的方式，迅速定位路灯位置并进行管理，包括查询单灯或组灯的调整策略，查询灯杆的状态及历史记录，实时更改灯杆各模块的运行状态，提供灯杆的各类报表等功能。

用户通过操作在计算机、手机和 PAD 等客户终端上的客户端软件，即可对灯杆上各个模块进行移动管理。移动控制终端具备单灯控制、故障定位等功能，方便维护人员检修路灯和进行移动管理。

7.2.8.6　应用层功能需求

基于应用层对整体系统软件的功能设计，智慧路灯管理系统可实现的应用功能主要有：

1. 智能照明

实现灯具按时间、区域、分组、天气及道路人、车流量进行智能远程调节灯光；也可自定义设置调光策略，摆脱以往粗放式的路灯控制管理，并达到城市路灯节能降耗的效果。

2. 设备状态管理

通过路灯上的传感器实时采集的路灯设备状态信息，生成电压、电流、功率、电能等多种参数检测预警，当路灯设备发生故障时，管理平台自动告警并生成含故障灯杆地理位置的告警信息，然后发送至巡检人员手机，可有效地缩减巡检人员排查故障耗费的时间。

3. 照明能耗分析

根据日、周、月、年度的实际照明功率自动计算生成日、周、月、年度耗电量报表，并可根据报表生成柱状图、饼状图、曲线图等，便于系统展示分析的图表。

4. 道路情况分析

根据监控摄像头采集的数据对监控范围内的道路拥堵情况、人流量、车流量进行分析，分析结果可通过报表的形式呈现，管理系统可根据人流量、车流量分析情况生成灯具智能调光策略。

5. 公共设备监控

对公共设备进行监控，结合 AI 智能分析技术，对偷盗、损坏公共设备的行为进行记录并发出告警，并可在管理平台对违规画面进行回放取证。

6. 地下排水监测

通过对水位监测传感器回传的水位数据进行分析，当水位高度达到指定高度后，管理平台将发出水位告警，并可将告警情况及水位高度信息发送至城市下水道管理人员手机，有效地减少城市下水道污水溢出的情况。

7. 井盖状态监测

当安装在井盖上的传感器处于倾斜状态或被移动超过指定角度时，传感器会发出告警并将告警信号上送至管理平台，管理平台可将井盖地理位置及告警情况发送至城市公共设施管理人员手机，管理人员可对井盖进行定位，可实现城市井盖状态的智能监测。

8. 智慧灯杆与5G基站融合部署

5G基站天线最常见的安装方式是抱杆安装，智慧灯杆的杆体就成为5G基站安装的最理想载体，充分解决了部署5G基站选址难的问题。基于智慧路灯提供5G基站抱杆安装的典型方式，该方案具备以下几点优势：

（1）选址优势。通过智慧灯杆提供抱杆载体的方式，解决5G基站选址难的痛点，达到快速部署、高效覆盖5G网络信号的效果。

（2）分布广泛。路灯间距一般在100m以内，分布均匀，遵循城市道路、街道分布的特点。为实现全面覆盖，5G基站要求密集分布。5G基站与路灯的结合，可形成密集覆盖、连续覆盖的空间布局，是实现5G全面覆盖的有效方法。

（3）有效覆盖。城郊公路、铁路沿线往往是信号覆盖不好的地方，是通信盲点，在公路沿线路灯上搭载5G基站，可有效解决上述位置信号差的问题。

（4）合理部署。5G基站与路灯的结合节省了单独部署所需的空间，很大程度上降低基站部署的物业协调难度。

（5）节能效益。路灯杆体搭载5G基站，两者可共用充电装置，避免5G基站单独部署带来的额外能源消耗，具有节约能源的效果。

（6）智能管控。智慧路灯上装配传感装置，可实时监测5G基站的运行状态，针对异常及时做出预警。监测数据通过5G网络可传输至管理后台，用作进一步的数据分析利用。

第 8 章

电力物联网信息安全

电力系统是国家能源供应的重要系统，同社会经济与人民生活息息相关，其安全性要求很高。电力物联网的核心在于电力系统中对海量数据的应用，感知层所采集的数据必须通过网络层通信传输至统一平台，进而在统一物联网平台上实现对数据的处理分析，然后平台根据分析结果将相应的控制命令下达至电力设备。整个过程中，信息流通于物联网体系架构的各层，各层都存在着一定的信息泄露风险，因此保障电力物联网信息安全是至关重要的。

8.1 概　　述

自物联网概念提出以来，随着信息技术的不断创新和对物联网架构的深入研究，物联网技术及其产业发展相当迅猛，电力行业是我国的基础能源产业，关系国计民生，对物联网技术应用具有十分迫切的需求。在电力行业中，物联网技术的大量应用可为行业发展带来更多效益，但是也带来了信息安全的问题。物联网涉及个人信息、人民生命财务安全、社会公共安全、工业安全、政府部门信息安全、社会维稳等各个方面，对物联网安全问题进行探讨，是保障物联网发展的前提。

从目前业界的应用情况来看，物联网遭受安全风险威胁的事件屡有发生[10]，例如：

1. 西班牙智能电能表被曝漏洞，存在大面积停电的风险[11]

西班牙智能电能表被曝存在严重的安全漏洞，使西班牙电力网络时刻面临着入侵风险。此次事件中，黑客利用该安全漏洞，轻则可实施电能量计费欺诈，重则可操控整个电力系统，制造大面积停电事故，诱发严重后果，造成社会恐慌且引发巨大的经济损失。引起该安全问题的原因主要在于电能表运作期间，电能表内部系统安全防护能力较弱，黑客可轻易获取系统的安全凭证，实现对整个电力系统的入侵与控制。

据相关研究人员表示，该漏洞影响范围非常大，对西班牙千家万户造成巨大的安全隐患。在阿姆斯特丹举行的黑帽大会上，两位研究人员向人们演示了实现电费欺诈，甚至关闭电路系统的手段。智能电能表是可编程的，隐含的漏洞将允许攻击者通过编程手段恶意控制智能电能表，对电网经济和社会安定造成巨大影响。

2. Mirai 病毒攻击物联网设备导致 DDoS 攻击事件

2016 年，据美国东海岸发生了大面积断网事件报道，造成包括 Twitter、Spotify、Netflix、Github、CNN 等上百家网站无法被正常访问，事件成因是大规模的分布式拒绝服务攻击（DDoS）对美国最主要 DNS 服务商 Dyn 的服务器。该次 DDoS 攻击主要针对物联网设备，超过 1000 万个 IP 来源被一种称为 Mirai 的病毒控制，成为被攻击者控制的“僵尸节点”。这些节点中大部分为路由器、DVR 或者 WebIP 摄像机、Linux 服务器，以及运行有 Busybox 的物联网设备。

3. 央视曝光我国存在大量智能摄像头被入侵监控的行为

2017 年，央视报道我国存在大规模的智能摄像头非法入侵问题，设备的 IP 地址、账号和密码通过扫描软件可被入侵者轻松控制。在摄像头被控制的情况下，用户安全隐私存在可能全部暴露在网络上的风险。事件曝光后，国家质量监督检验检疫总局针对智能摄像头的非法入侵问题发布了相关的安全风险警示，该警示提到了一个令人咋舌的问题，送检的智能摄像头样本中，80%的样本存在质量安全风险，不合格的智能摄像头可导致用户个人信息泄露，甚至引起恶意控制智能摄像头等非法事件，危及社会安全。在物联网终端中，摄像头是数量庞大且重要的组成部分，同时也是最容易被黑客攻击的目标，其安全威胁值得引起足够的重视。

以上事件表明，通过入侵并控制安全防护不强的物联网设备，黑客可发起大规模针对物联网的拒绝服务攻击，危害物联网网络及社会公共安全。此类事件也说明保障物联网安全，是保障物联网发展的重要前提，没有安全保障，物联网系统的建设将伴随着极高的信息安全风险。

物联网经过几年的发展，已经进入多行业落地阶段，物联网安全建设也随之开展，为引导物联网产业健康发展，国家将出台一系列法律法规、标准规范。与传统信息系统和计算机网络安全一样，安全保护技术的目的不是完全杜绝攻击事件，也无法做到完全杜绝黑客攻击，其安全防护的目的在于大大提高攻击成本，遏制网络攻击事件发生。

8.2　物联网面临的安全风险

电力物联网具有全面感知、传输可靠和智能处理三大基本特征。通过传感器、采集器和智能终端等感知层设备的应用，电力物联网可实时获取数据信息；结合 5G 通信技术的应用，电力物联网可高速、可靠地大量传输数据；在人工智能的协助下，电力物联网可对海量数据进行分析处理，为电网稳定运行做出有效支撑[14]。

电力物联网的三大特征各有优势，然而也存在着一定的安全风险。纵观物联网各层次架构，感知层部署了大量感知设备，长期暴露于外界环境中，且受限于终端自身存储空间，容易遭到非法分子的恶意攻击，易造成电力信息数据被窃取，是物联网系统信息安全防护中的薄弱环节。此外，物联网传输层及服务应用也同样面临来自不同层次的安全风险威胁[12]。

物联网系统面临的主要安全风险可归纳为以下几类：

1. 软件漏洞

许多物联网终端设备出厂时，其装载的系统固件就已经“过期”，或者即将过期。即使有些设备出厂时装载的是最新版本软件，但由于设备从出厂到上线使用之间存在闲置空档，未能及时更新软件版本，因此可能在未来投入使用时出现漏洞。除非物联网终端设备能普遍配置持续的软件更新机制，否则极高的软件漏洞风险将一直存在。目前，市场上的物联网终端设备大部分都缺乏这种持续更新，或者自动更新系统软件版本的机制，面临着极大的软件漏洞的风险。

2. 不安全的通信

目前许多安全防护功能都是针对更加通用的计算设备设计的，但受限于计算资源或底层操作系统，物联网终端设备很难通过通用的安全防护功能实现保护，经过长期实践应用，物联网网络中暴露出了许多安全缺陷。例如，缺乏加密措施，大量物联网设备采用的是部分或全部明文传输的通信机制，可能导致信息泄露；缺乏成熟的授权或认证机制，设备往往未能对代码或配置项变更进行权限限制，容易引起一些恶意敏感操作或数据未授权访问的恶性事件；缺乏网络隔离，物联网设备在家庭内网络未进行网络分段隔离或防火墙设置的情况下，极易遭受同网段病毒感染、恶意访问或操控。

3. 数据泄露

物联网系统因自身的不完善，存在较高的泄露用户个人隐私的风险，泄露风险主要存在于物联网云端和物联网终端设备本身。一方面，云端服务平台可能遭受外部攻击或内部因素泄密；另外，云服务用户存在弱密码认证等问题，以上情况均有可能导致用户敏感数据泄露；另一方面，设备与设备之间存在数据泄露渠道，设备信息通过该渠道可泄露给同一网段或相邻网段的其他设备，如用户名字、精确的地理位置信息，甚至消费者购买的东西等。

4. 恶意软件感染

恶意软件通过感染操控物联网设备，可获取未授权的访问，甚至实施攻击，如引发大规模 DDoS 攻击的 Mirai 病毒和 Gafgyt 家族等。感染病毒的物联网设备不仅可用于发动大规模的 DDoS 攻击，还可用于非法获取个人隐私和对设备的封锁勒索，甚至成为攻击者向物联网发起进一步攻击的入口。

5. 服务中断

可用性或连接的丢失可能会影响物联网设备的功能特性，一些情况下甚至会降级安全性，例如，若楼宇警报系统出现连接中断的情况，整体的安全性将大受影响。

8.3 电力物联网信息安全探讨

8.3.1 电力物联网的网络特征

物联网的本质是通信网，其传输网络一般包括无线通信网、短距离有线通信网、高速电力通信专网和高速互联网，具有开放、混合和复杂的网络特征。物联网技术在电力系统中得到大量应用，支撑电网运行、运维和管理业务，电力系统的安全稳定运行很大程度上受到物联网安全性的影响。同时，严格的用户身份识别、验证、鉴权制度应用于电力物联网中，物联网服务针对不同用户设置各种分级，因此建设电力物联网对于安全性也提出了极高的要求。

原则上，电力物联网的适用性仅限于电力系统，电力物联网内大部分的数据信息也仅能在电力系统内进行传输。物联网在电力系统中有着大量多元的应用，不同的应用对信息的需求各异。因此，为支持数据过滤、数据挖掘与决策支撑等多项功能的实现，电力物联网需要设置中间环节，适配其应用多样性与承载平台的通用性。

电力物联网直接支撑电网业务，参与了电力系统运行中的多个环节，涉及多种设备，要求具备高度的安全性和可靠性。电力物联网的安全性很大程度上是保障电力系统的安全稳定运行的前提，因此，应加强电力物联网的高要求的安全性能，建设更完善的坚强智能电网。

8.3.2 电力物联网安全防护必要性

建设电力物联网是国家未来发展的关键任务，电力物联网可实现电力系统中的万物互联，涉及大量电力资产数据，一旦遭遇恶意的网络入侵，将引起关键设备位置暴露、操作指令恶意篡改等事件，很可能致使电力物联网产生重大事故，造成巨大损失。

同时，电力物联网是公用能源事业的基础网，服务社会大众，关联着客户大量的隐私信息，若因电力物联网安全防护不当，造成客户隐私数据泄露，将对社会公共安全产生极大的负面影响，降低电力企业的公众信赖度。因此，构建物联网信息安全防护体系是保障电力物联网稳定运行的关键一环。

数据是电力物联网中最基础的元素，对数据的管理是电力物联网中的安全管控核心。基于物联网技术构建的电网企业的物联网应用场景，电力的发、输、变、调、配、用的每一瞬间都在产生海量数据。这些数据在物联网架构的各层中进行传输，结合高新技术的应用，可极大地促进电力物联网智能感知、内部管控能力及用户服务效率提升。面对数据传输，各层存在不同程度的安全风险。

纵观物联网各层，感知层面临大量的智能感知终端接入的需求，如智能电能表、智能家居、电力生产设备和各类传感器等，终端分布地域广，数据产量庞大，但存在自身的局限问题，防护能力薄弱，是各层中数据泄露风险最大的节点。同时，感知层的安全防护能力加强也是各层中最难实现的，在实际中，尚有如下问题难以解决：

（1）终端设备硬件升级改造和更新部署成本高。

（2）终端设备厂家众多，难以协调统一安全标准。

（3）嵌入式操作系统种类多，难以统一要求。

（4）终端设备对攻击或非法访问的感知能力弱。

（5）终端设备处于低功耗长期工作状态，难以通过运行软件进行防护。

以智能电能表和智能家居为例，在电力物联网中，智能电能表、智能家居用电终端等都是感知层中的组成部分，尽管智能电能表的物理安全性较强，但是仍存在安全漏洞，黑客可通过漏洞以无线方式入侵设备。智能电能表一般采用安全性偏低的 Zigbee 或 GSM 协议，攻击者通过破解网络配置文件，可获取硬编码的登录凭证，迫使某区域内的所有单元与恶意节点进行连接，直接访问智能电能表固件以挖掘利用更深层的漏洞。

物联网技术正在飞速发展，若相应的设施缺乏与之相适应的安全防护能力，信息安全将会成为电力物联网最大的软肋，为电力系统带来无尽的风险。因此，加快构建电力物联网信息安全体系，加强电力物联网信息安全的风险管控和治理，是未来我国电力物联网建设的重点。

8.3.3 信息安全总体构建思路

构建电力物联网信息安全体系，可基于物联网安全态势感知防护平台，该平台由电力物联网终端设备接入管控、信令采集行为分析、漏洞扫描探测、软针主动探测等多种技术手段相结合打造，形成以“预测”“防护”“探测”及“响应”的整体闭环安全管控系统，具备监测实时可靠、分析模型丰富、异常处理及时、机器学习提升等特点[13]，可实现对物联网的一体化安全防护。电力物联网信息安全生态架构体系如图 8－1 所示。

图 8－1　电力物联网信息安全生态架构体系

基于物联网安全风险管控的总体思路是，智能用电终端行为异常检测、平台系统安全漏洞检测、安全风险实时感知、安全威胁及时处置、平台系统健康评估等。电力物联网信息安全处理流程如图 8－2 所示。

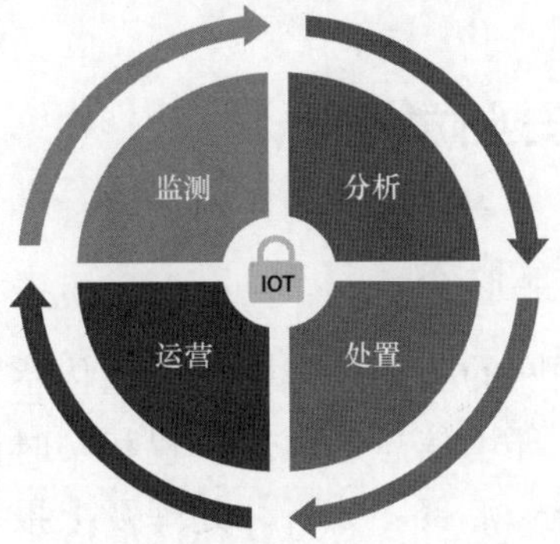

图 8－2　电力物联网信息安全处理流程

基于物联网的安全防护预测和防护流程如图 8－3 所示，主要有：

（1）捕获和分析安全态势信息。

（2）根据保护对象及其重要性定义相关安全基线并下发。

（3）检测、审计不合规配置，进行自动化修复。

（4）探测新的安全威胁。

（5）按优先级显示安全分析和风险评估结果。

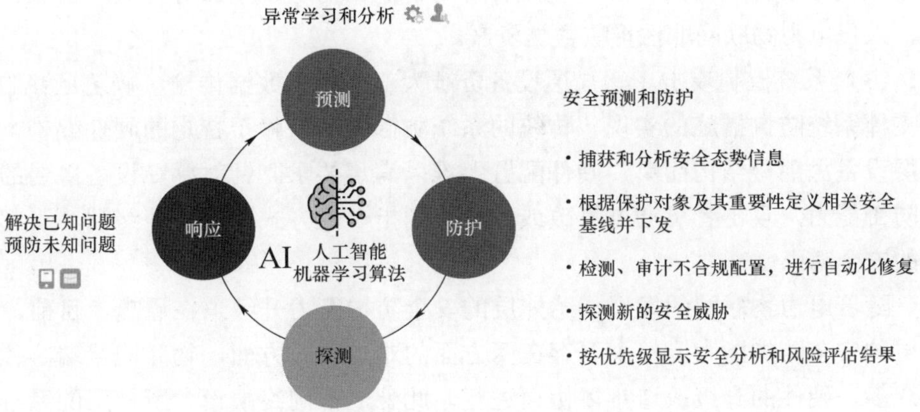

图 8－3　物联网安全防护预测和防护流程

8.4 信息安全防护技术手段

8.4.1 感知层的安全防护

8.4.1.1 感知层的安全概述

感知层支撑电力物联网的基础设施，以大量传感器和智能终端构成感知网络，可实现对设备状态、环境信息、地理位置和实时图像等信息的全面采集，信息经由汇聚节点进行统一汇聚、分析、处理及上报，最终参与数据交换及相关决策的制定。感知设备采集信息的同时，也面临着多方面的风险威胁：

（1）感知设备终端直接攻击。大部分感知层终端设备设计上结构和功能简单，制约了其防护能力的安全等级，且长期暴露在外界环境中，部署分散，极易成为攻击者的目标。通过对终端设备的暴力破坏，攻击者可直接针对设备的硬件进行改造，恶意窃取设备数据和篡改系统软件，甚至绑架设备，实施远程控制。

（2）无线通信恶意攻击。感知设备主要以无线方式传输信息。由于感知层设备资源匮乏，处理能力受到较大的限制，无法对信息进行有效的加密保护，针对无线通信开放性的特点，攻击者可用窃听、伪造、重放等方式攻击无线网络，入侵电力物联网非法攫取数据资产。

（3）系统控制攻击。感知层设备资源大部分用于数据传输，缺乏足够的资源支撑系统防御措施的实现。传统的系统防御技术依赖于特定的硬件架构，感知层设备大部分结构简单，硬件配置上难以满足要求。针对感知设备薄弱的系统防御能力，攻击者可通过篡改或伪造控制指令的方式俘虏智能终端，引起极大的安全隐患。

随着电力物联网的发展，感知层的安全防护能力升级迫在眉睫。目前，感知层的安全防护能力升级主要存在两方面的难点：一方面，物联网终端芯片厂家众多，硬件的升级改造难以协调进行。此外，不同终端设备所使用的系统不尽相同，有的采用 Linux 系统，有的采用 Android 系统，有的则用自主开发操作系统，导致底层系统防护无法统一进行。另一方面，物联网终端一般具备低功耗、低内存、长时间工作的特性，受限于存储空间，增加软件功能模块或者适配防毒软件的防护方式难以适用于物联网终端。鉴于终端长时间工作的特性，只要终端仍能行使其功能，人们很难发现终端是否已经受到攻击，或者面临着安全风险[15]。

8.4.1.2 物理终端防护能力加固

针对电力物联网终端及网络的一体化安全防护，形成电力物联网信息安全体系。原则上，对于电力物联网体系中的网元均可提供安全防护能力。而在感知层，提高物理终端的安全风险防护能力可从硬件角度进行加固改进，例如：

（1）基于终端芯片安全的防护技术。

（2）增加各种验证机制与硬件加解密功能。

（3）强化嵌入式系统的硬件防护能力。

（4）对感知层设备装设物理保护装置等。

8.4.1.3 物理终端准入安全策略

构建电力物联网终端接入安全控制策略，主要有终端接入控制及终端运行管理。

1. 终端接入控制

物联网终端接入控制实现的方法主要有 SDK 加密链、数字证书签约两种方式，分别如图 8－4 和图 8－5 所示。

图 8－4 加密链鉴权准入

对于支持 SDK 的终端推荐使用 SDK 加密链鉴权准入的方式，对于部分由于计算及存储资源有限的物联网终端推荐使用数字证书签约鉴权准入的方式，并且这两种方式可以在一个终端上同时使用，以提高终端的安全性能。

2. 终端运行管理

（1）网络告警管理。告警管理功能包括告警收集与显示、告警确认与消除、告警过滤、告警同步、告警反转、告警分析、故障测试与校正、告警级别管理、端到端告警管理功能等。

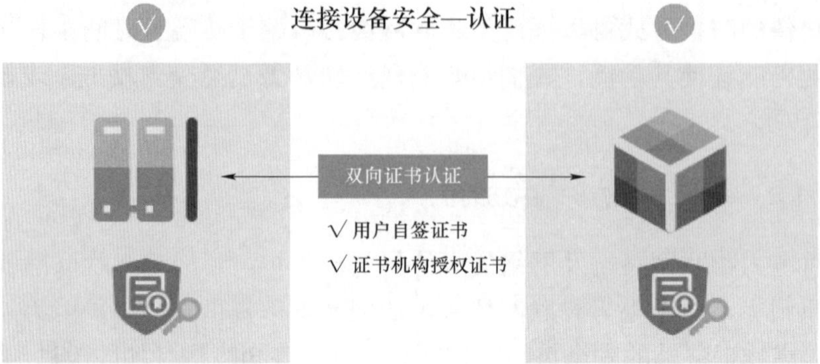

图 8－5　数字证书签约鉴权准入

（2）性能告警指标集。根据部分现有物联网业务的 XDR 信令和业务数据，初步筛选出 S1－U 口控制面和用户面的若干故障监控指标及建议阈值，目前正在分析更加全量的物联网业务 XDR 数据，进一步优化完善监控指标和阈值门限。

（3）终端性能管理。性能管理功能包括性能参数管理、性能监测管理、历史性能数据管理、性能门限管理、性能分析、端到端连接性能管理功能等。

（4）终端业务端到端监测。端到端感知体系指标应涵盖用户业务指标，可分为接入性、保持性、完整性三类指标。

（5）物联网资源管理。实现物联网资源全生命周期管理，进行资源统一建模、统一维护、统一展现，支撑物联网业务快速发展。

8.4.2　网络层的安全防护

8.4.2.1　网络层的安全概述

网络层承载着感知层各终端设备所采集的信息，经过解析和预处理，数据传输到应用层参与后续的分析与应用。网络层汇集了海量的数据，因此，必须保证对系统中数据的安全防护。电力物联网融合有线专网、无线专网和公网等多种网络类型，通信方式和网络协议复杂，加大了网络安全防护的难度。网络层主要存在以下风险：

（1）高并发上传数据风险。电力物联网感知层对终端设备需求量极大，用电信息采集过程的突发性、集中性强，网络层的统一接入网关面临着高并发上传数据的压力，可对实时信息数据的处理产生较大影响，造成系统整体性能下降，导致数据丢失、设备宕机。

（2）网络拥塞和 DoS 攻击。物联网终端设备数量巨大，当大量设备在短时间内接入网络时，将导致网络拥塞，影响信息处理的及时性、有效性，引起网络层产生安全缺口，为攻击者入侵网络创造了条件。

（3）异构网络的安全隐患。电力物联网包含多种网络通信方式，网络技术间存在兼容互联问题，不同网络技术存在各自的安全短板，增加了网络层安全的风险。

随着电力物联网的发展，网络层中通信协议会不断增加，更多的安全隐患将被暴露，为保障电力物联网的安全稳定性，电网企业需要及时掌握物联网网络层面的行为信息，对各种安全威胁及时做出防范，要求做到以下防范：

（1）数据窃取防范。外部地址非法访问终端，盗取数据是常见的入侵行为。要求识别非法地址的访问，考虑业务的不断发展，不能确认的嫌疑入侵行为，可以发送给物联网网络服务提供商（SP）确认。

（2）网络攻击防范。大量的外部恶意数据访问会使终端或服务器遭到数据破坏或能力瘫痪。要求网络层具备对高危的行为进行直接拦截的能力。

（3）地址异常。要求网络层识别终端访问的地址异常，识别终端的异常行为，例如，某终端向服务器之外的地址发送数据，而且这种行为是同类终端没有的。

（4）端口异常。要求网络层识别终端使用的端口异常，识别该终端不同于同类终端的服务启动或服务访问。此功能仅对 IP 承载有效。

（5）协议异常。部分业务只使用一种传输协议方式，如 TCP/SCTP/UDP。如有使用的传输协议异常的行为应及时发现和报告。

针对不同的业务大类、不同的应用小类，网络层安全防护应分别制订安全策略。由于同一 SP 的应用随着物联网的快速扩展而不断变化，应采用与时俱进、逐步完善的方针对网络层进行安全防护。网络层的安全防护应从两方面考虑：一方面是异常行为的发现；另一方面是安全漏洞的主动扫描和提示。

8.4.2.2　网络层的安全构建

网络层汇集了感知层采集的海量数据，应从感知层设备的无线通信、无线公网的安全应用及通信边界安全等方面对网络层进行安全构建：

（1）短距离无线通信网络安全。感知层设备数量庞大、分布面广、自身安全防护能力弱，且大多数短距离无线通信采用开放信道，增加了遭受攻击的风险。为保证设备数据传输安全，需构建网络层安全机制，确保信息传输的安全性和完整性。可通过建立多渠道密钥管理系统、对信息进行加密、采用消息认证码（MAC）机制验证信息等方式完成网络层安全机制的建立。同时，建立路由安全机制，采用无线多路径或信道过滤模式，对 DDoS 等攻击进行防御。

（2）无线公网安全。无线公网是物联网通信网络组成之一，具有部署容易、使用便捷的优点。然而，大部分无线传输方式采用开放的信道，增加了安全接入和传输方面的隐患。为保障信息的机密性、完整性和时效性，物联网内重要设备通过无线公网传输数据时，应采用 VPN 或 APN 服务，引入 TLS、SSL 等互联网安全协议对数据进行加密。

（3）服务器端与通信网络层边界安全。系统服务器端与通信网络层的边界是防护能力较弱的位置，也是最容易遭受网络攻击的位置。针对以上位置的特殊性，应配置独立的安全设备保障网络边界的安全，负责网络安全接入认证、边界访问控制、信息内容过滤等功能。同时，应为服务器端和网络层边界增加安全机制，如网络连接限制、入侵防范、恶意代码防范等，实现对这些薄弱位置的安全控制。

网络层的数据传输采用安全传输层协议（TLS），物联网终端与后端平台的数据全部封装在 TLS 的安全加密隧道里，两端在具有解密权限的前提下才能获取安全隧道内的信息，外部攻击无法获取信息或对其加以破坏，数据的安全性因此而大为提高。

8.4.3 平台层的安全防护

8.4.3.1 平台层的安全概述

电力物联网的平台层涉及云平台、业务数据管理、物联管理等多方面的技术应用，主要实现感应设备管理、设备接入控制、安全管理、协议转换、数据共享、大数据管理和物联网运营管理等多项功能。然而，物联网平台层本身仍然缺乏完善的安全机制，存在易被黑客攻击的漏洞。电力物联网平台层主要存在两方面的安全问题：

（1）数据泄露风险。平台层流通数据量大，种类繁多，交互复杂，加剧了数据泄露、非法访问等风险。

（2）物联管理不成熟。物联管理中心是平台层实现安全防护的重要环节，不完善的物联管理技术为平台层的安全防护建设埋藏了安全隐患。

物联网平台层是物联网架构中体现“智慧”的一层，除了需要具备定期检查自身漏洞（包括系统软件及第三方软件）的能力外，物联网平台层应该具备向物联网体系提供安全管控的平台支撑能力，为感知层及网络层提供安全保障。

8.4.3.2　业务安全策略构建

平台层的安全构建应使该层在业务安全防护方面具备异常行为发现、恶意 URL 识别、安全扫描和提示等功能。

1. 异常行为发现

异常行为可分为服务端的异常行为和终端的异常行为，要求具备探知识别两种异常行为并及时报告的能力。

（1）协议异常。部分业务的应用协议是固定的，应针对其应用协议做规范性分析。该需求不要求覆盖所有业务，主要面向重点及规范性强的业务。

（2）业务量异常。部分业务的业务量相对稳定，应监测突发的大数据量，分析是否属于异常行为。该需求不要求覆盖所有业务，主要面向重点及规律性强的业务。

（3）数据异常。部分业务的数据特征相对稳定，如数据包分组和大小特征，应监测突发的数据特征变化，分析是否属于异常行为。该需求不要求覆盖所有业务，主要面向重点及规律性强的业务。

（4）行为异常。部分业务的数据行为有一定的规律，如抄表业务，应监测不符合规律的行为，对比相同业务的其他终端，分析是否属于异常行为。该需求不要求覆盖所有业务，主要面向重点及规律性强的业务。

2. 恶意 URL 识别

网络层安全系统应具备一定的恶意 URL 识别能力，能准确实时地发现常见的恶意 URL，并向用户发出提醒警告。

3. 安全扫描和提示

要求通过深入分析数据，扫描数据传输过程中的安全漏洞，及时报告存在的安全隐患并提出修复建议。

（1）协议安全隐患。对隐私性要求较高的业务，应识别其应用协议，对采用的不安全协议提出建议。

（2）URL 安全隐患。对 HTTP、HTTPS 协议，扫描其 URL，主动发现其中的安全漏洞，报告问题并提出建议。

（3）参数安全隐患。对部分公有协议，如 HTTP，扫描请求和响应的头部参数，准确定位安全漏洞，报告发现的问题。

基于采集终端的交互信令等数据信息进行行为扫描分析，扫描主要方式有流量异常、通信次数异常、通信失败次数异常、交互对端数据量突发、敏感信息传输和特殊协议访问异常等，如图 8-6 所示。

图 8-6　终端行为扫描主要方式

8.4.3.3　异常行为发现拦截

电力物联网平台层安全防护体系应具备拦截不安全行为的能力。对与具体业务无关的高危行为，如网络攻击，应无条件拦截；对与业务相关的安全威胁，应由平台管理人员确认后拦截。进行正常业务的时延不应因行为的拦截而产生明显的影响。

一般情况下，拦截只针对异常终端的不安全行为，予以放行异常终端的正常行为，使异常终端的正常业务仍可进行。特殊情况下，仍存在对异常终端行为完全拦截的可能性，如 SP 要求拦截被劫持的终端、极度危险的攻击、传播病毒的 IP。

高密型网络攻击是通过高频数据包致使系统瘫痪的网络攻击类型。此类网络攻击通常以终端感染病毒或被黑客控制为前提，具有爆发突然、危害极大的特点。高密型网络攻击大多利用底层协议进行攻击，如 ARP、ICMP、TCP，也有利用应用层协议进行攻击的案例。通信拦截如图 8-7 所示。

通信拦截的实现基于实时控制系统对同类数据包发送频率的检查。当外部地址访问终端或相反方向，在很短时间内频度超过设定的极限时，系统识别该行为为高危级别网络攻击，立即予以拦截，并生成提示性警告。

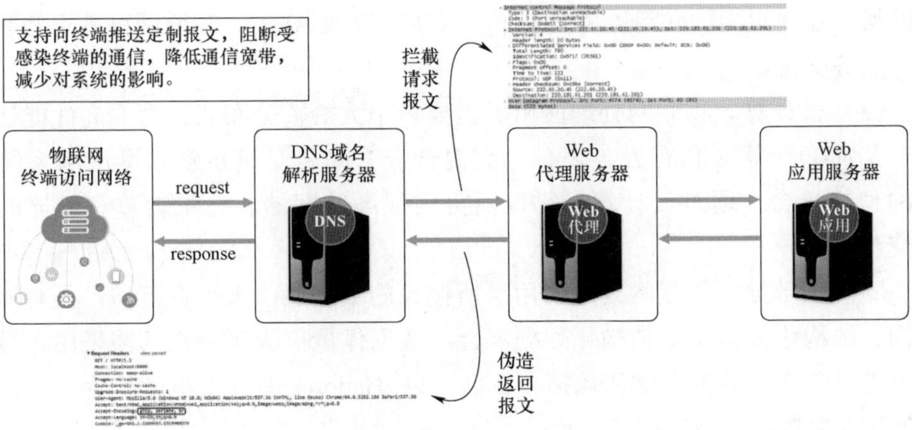

图 8-7　通信拦截示意图

8.4.3.4　安全风险告警通知

平台层应建立安全风险告警通知机制，支持网页弹屏、IVR 语音、手机短信及 APP 消息等多种方式实现提示告警。

（1）网页弹屏提醒。安全防护平台可根据账号权限设置分权分域的通知范围，以系统网页弹屏的方式提醒对应范围内电力物联网的管理人员，在监控室支持外接声光报警装置。

（2）IVR 语音外呼提醒。安全防护平台可根据账号权限设置分权分域的通知范围，以发起 IVR 语音外呼的方式提醒对应范围内电力物联网的管理人员；通过 IVR 按键交互的方式，用户可自主选择确认安全风险。

（3）短信提醒。安全防护平台可根据账号权限设置分权分域的通知范围，以发送短信的方式提醒对应范围内电力物联网的管理人员，用户可通过回复短信交互的方式自主选择确认安全风险。

8.4.4　应用层的安全防护

8.4.4.1　应用层的安全概述

物联网应用层的技术架构融合互联网、大数据、云计算及人工智能等多种先进技术，满足物联网对数据运算和交互的庞大需求。物联网与各种先进技术间相互渗透，紧密连接。

（1）互联网。物联网作为互联网的延伸，可建立跨层跨域、万物相连的智慧网络。互联网为物联网提供交互平台（浏览器或 APP），物联网可基于互联网实现服务交付。

（2）云计算。物联网处理应用层需要一个大规模分布式弹性的高性能计算平台，而云计算（私有云、公有云或混合云）平台是满足物联网应用系统要求的理想平台。通过云计算，物联网可实现高效存储、海量运算和便捷的服务交付。

（3）大数据。物联网处理应用层所接收的数据属于大数据范畴，具有海量异构、结构化数据和非结构化数据混合、数据体量巨大等特点，需采用大数据技术进行分布式数据存储和挖掘。目前，以 Hadoop 等大数据架构为代表的先进架构在物联网中得到广泛应用。

（4）人工智能（AI）。作为人类科技发展进程的里程碑之一，人工智能系统通过深度学习，可建立大量的感知模型，形成相互关联的人工智能知识库，具有智慧分析海量数据的能力，在物联网应用中真正充当超级大脑。

（5）手机应用程式（APP）。随着移动技术的发展，手机、平板电脑得到普及，成为人和网络交互的主要媒介，其数量远超桌面计算机，运行在手机、PAD 上的 APP 被广泛接受并应用。在物联网中，手机、PAD 上的 APP 因其适用性成为物联网人机交互的主要途径之一。

互联网、云计算、大数据平台等多项先进技术在不断焕发物联网生命力的同时，它们所面临的威胁都会被物联网应用层系统继承，为应用层带来安全风险。同时，应用层自身也具有一定的脆弱性，主要表现为以下几个方面：

（1）平台漏洞。物联网应用系统平台本身具有漏洞，如云平台的漏洞、大数据平台的漏洞等。

（2）组件漏洞。物联网应用系统会采用很多的组件，如数据库、中间件、Web 服务器、缓存、安全软件、设备等，这些组件可能会存在漏洞，导致互联网应用层存在漏洞。

（3）应用系统漏洞。物联网应用系统可能存在代码级别的漏洞。

（4）逻辑漏洞。物联网处理应用层在流程方面可能会存在逻辑漏洞，导致特殊输入产生绕过动作，使系统面临威胁。

8.4.4.2 应用层的安全构建

为保障应用层的安全，需建立可靠的物联网应用系统安全防护体系，应从系统工程的角度出发，继承和发扬深度防御思路，针对云计算、大数据、人工智能等新技术，结合技术、管理、人三要素，以多维度视角构建立体的安全防护体系。建立应用层安全防护体系架构可参考以下方法：

（1）基于全生命周期的风险评估。基于物联网应用系统全生命周期的维度，在系统规划、分析、设计、开发、建设、验收、运营和维护、系统废弃的每个阶段，对应用层信息进行安全管理。在系统设计和分析阶段，应进行安全目标、安全体系、防护蓝图等顶层设计，并将安全防护设计与系统设计相融合；在系统开发阶段，进行代码安全评估，测试阶段同期进行安全测试；在建设阶段，应进行安全管理；在验收阶段，同时进行风险评估和测评，保障安全防护的有效性和合规性；在运营和维护阶段，同时进行安全运营，并周期性地进行风险评估，跟踪威胁情报，持续改进安全管理和安全防范措施；在系统废弃阶段，应采取措施有效清除残余信息，保障应用系统全生命周期的系统安全。

（2）构建深度防御体系。构建多层次的深度防御体系应结合组织、技术、管理等多个维度，合理划分安全域，以机密性、完整性、保密性为安全目标，结合国家政策标准的合规要求（如等级保护），设计整体安全解决方案，保障系统安全。

（3）建立动态的风险评估机制。通过建立物联网应用系统的信息安全统一管理和态势感知系统，结合专家周期性风险评估，形成专业的风险评估机制，实现系统动态安全。

（4）实施专项威胁防控。针对物联网应用层突出的安全问题，如APT攻击、DDoS攻击、数据库脱敏与加密、漏洞管理，以及设备与系统、系统与系统、人与系统的双向认证机制等问题，评估和设计专项防护，加强系统安全性。

（5）测试与研究系统安全性能。对于大型物联网的应用系统，应当建立与之同步的测试系统和攻防演练环境，开展广泛的系统安全研究工作。

第 9 章

电力企业对电力物联网的应用展望

9.1 电力物联网应用设计思路

根据《物联网“十三五”发展规划》，我国经济发展进入新常态，创新是引领发展的第一动力，促进物联网、大数据等新技术、新业态广泛应用，培育壮大新动能成为国家战略。因此，在业界的共同努力下，物联网在我国得到大力发展，至今已初具规模，具备了一定的技术、网络、产业和应用基础；但是，仍然存在一系列的因素制约着物联网的发展，主要表现在地址资源匮乏、应用水平较低、规模化应用少和信息安全隐患等。

在电力物联网建设上，首先给出一个统一的顶层设计非常必要，但在应用孵化及推广上，由于其应用场景立体丰富、点多面广，再考虑物联网技术又在快速迭代发展，则适宜采用先局部突破，带动整体应用的建设策略，形成“多点开花”的应用局面，有助于物联网技术快速在电力企业中取得应用实效。

9.2 物联网的数据价值

物联网将人与物、流程、数据结合在一起，形成“万物互联”的格局，三者有机结合可创造更大的价值，发挥出“1+1+1>3”的效果。相较于物联网表面上便捷高效的效果，物联网最具价值的是其背后的数据。当前既是物联网的时代，也是大数据的时代，物联网是大数据产生的重要来源，大数据为物联网发展提供坚实助力，两者相辅相成，为未来电力行业赋予发展的潜能，凝聚创新的力量，焕发蓬勃的生命力。物联网的数据可为电力行业发展带来以下显著的影响：

1. 产生丰富立体的电力数据资产

电力物联网贯穿于电力系统发电、输电、配电、送电、用电的各个环节，联系了电力物联网内全部的人和物，流通着海量数据。数以万计的物联网设备广泛分布于电力物联网中，每时每刻都在产生海量数据，为电力企业创造珍贵的数据资产。

2. 提高未来核心竞争力

大量的数据资产可为负荷预测、状态估计、计划制定和客户分析等方面提供重要的数据基础。以电网为枢纽，结合大数据分析平台的应用，利用数据挖掘、仿真建模等技术，可为电网的稳定运作提供有力的数据支撑；基于物联网信息平台的共享作用，可提升物联网内信息的资源利用率，增强市场适应能力，改善客户服务质量，提升企业的核心竞争力，创造出更大的价值，为电网企业未来发展提供有力的制高点。

3. 不容忽视的挑战

数据资产创造巨大价值的同时，对其管理、盘活与变现也将给电网企业的运营管理带来更大的挑战。电力企业数据资产规模和数量十分庞大，结合电力企业自身运营特点，存在短期较难实现数据资产的大规模出售与租赁的问题。因此，鉴于当前电力企业数据管理存在诸多问题，应尽快建立数据资产管理体系，逐步推进数据资产盘点，构建电力企业数据资产全景视图，优化现有业务系统，升级数据处理中心，建立数据资产管理平台[20]，从而最终真正实现运营数据资产高效、规范、集约化管理。

9.3　5G 移动通信技术的应用

5G 通信时代，电网企业通过与电信运营商、主流厂家合作，共同打造电力物联网产业空间，可降低未来运营应用成本。物联网技术与电力系统相互渗透并深度融合是时代发展的大趋势，电网企业应秉持开放态度，大力推动 5G 技术在电力物联网中的发展与应用。

5G 通信技术的助力将促进电力和通信的融合，实现电力与信息进一步的互联互通，推动电力物联网的发展，稳固电力企业的高效运作，焕发能源产业更多的生机。5G 通信时代的来临也推动了诸多前沿科技研究，如大能源思维与大数据思维的融合[17]、信息物理融合系统研究[18]、平行能源系统研究[19]、平行智能与智慧能源研究[20]等，其物理基础也都依赖于物联网技术所构建电力网的“数字世界”。在未来的电力应用中，值得重点关注的方向有：

1. 5G通信助力电力供给及需求响应

5G通信系统具有低功耗的特点，但面向未来通信需求剧增，通信量庞大的大环境，加上5G通信基站密度增加，5G通信系统整体上功耗较大。5G通信基站型号不尽相同，部署分散，由电力物联网供给电力，这意味着通信网络与电力网络能够开展能量上的交换，实现供需互动，配电网根据不同基站的电力需求提供充足的电力供应保障，存在5G通信与电力的联合电力流优化供应与规划的可能性。此外，5G通信系统虽然能实现万物互联，但在庞大的电力网络中，物联网设备分布广泛，存在通信环境恶劣，或者通信需求大的位置，此处的通信能力应因地制宜地进行加强。

2. 5G通信助力电力网络通信的安全加固

5G通信为万物互联的实现提供了强有力的支撑，为电力网络通信安全提供了保障。5G通信的建设与实施充分考虑了通信网络升级带来的数据安全问题，对于电力物联网而言，信息安全毕竟是极为重要的问题。5G通信助力电力网络通信的安全加固典型应用场景有计量终端数据采集、预付费表的控制和电网的运行控制等。

3. 5G通信助力电力商业模式演进

目前，电力服务采用以电网为主体的统一分配、计划调度、试点运行的商业模式，形式匮乏，难以满足客户的个性化需求，与市场快速发展的趋势相违背，不利于电力企业的业务增值发展。5G通信新技术的助力，促使电力物联网孕育全新的商业模式，使之前难以落地的商业模式成为可能。5G通信助力电力网络通信的安全加固典型应用场景有电力市场交易、综合能源服务、虚拟电厂构建等。

总之，海量数据的应用是电力物联网未来发展的核心，庞大的数据流将流通于电力物联网的每个角落，数据类型、来源、重要程度均有所不同，而5G通信技术将使这些先进的应用变成可能。

9.4 物联网与移动应用的融合展望

移动互联网在通信技术的推动下发生了巨大变化，传输速率更快，覆盖范围更广，促进了移动互联网的普及应用。物联网与互联网相互渗透、融合发展。物联网作为互联网的延伸，基于特定的应用模式朝着宽广度、纵深度的方向发展，将真正实现物联网随时随地、无处不在的顺畅通信。物联网与移动应用相互融合形成移动物联网，其涉及物联网信息化应用场景的完善、扩展，引领物联网在移动终端上的延伸，使物联网变得无所不在。移动应用将为物联网带来信息化商业模式的创新变革，通过广泛的产业链合作，为用户提供低成本整体解决方案。

在物联网与移动应用融合方面，电网企业可以进行相应业务场景融合的探讨，为电网业务提供更便捷、更高效的业务支撑。在《移动互联技术在电网企业的应用》一书中，已经对移动应用在电网企业的生产域、基建域、市场域、物资域、其他域等方面进行了深入的研究及广泛的应用。后续结合物联网技术，电网企业可以在物联网与移动应用融合的业务场景进行应用研究及推广，主要从以下方面进行：

1. 带电作业移动应用与物联网技术融合

对于带电作业移动应用，电网企业以提高带电作业次数，提升供电可靠性，提高带电作业管理水平，给带电作业科学决策提供依据为目标。

借助物联网及移动应用的关键技术，如传感采集技术、RFID 定位技术、视频技术、虚拟现实技术，实现工具器具管理、作业人员与项目的定位、带电作业视频直播、带电作业模拟仿真应用等，实现带电作业进行全过程管理分析，构建起支撑带电作业发展信息化应用，从而达到提高带电作业的安全性，提升带电作业管理水平。

2. 保供电移动应用与物联网技术融合

随着经济发展，电网配电网逐渐壮大，各大型政治、商业活动等需要可靠的、大量的电力供应，然而，用电负荷不断攀升和供电网络的增长等情况，使得电力故障发生率逐渐增长；同时，保供电业务覆盖面积大，人力物力消耗大，这些都面临着新的挑战，为规范保供电工作的进度，适用于现场保供电及监控管理的移动应用及物联网应用的需求逐渐浮现。

借助物联网及移动应用的关键技术，如传感采集技术、RFID 定位技术、移动互联网技术，电网企业可以实现保供电的任务通知、现场视频直播、地图定位、详情上报、现场沟通，围绕指挥中心管理人员、值守班组人员、巡视班组人员的职责，遵循操作简便、可用易用的设计原则，以保障供用电业务流为核心，通过移动终端的应用程序实现任务统一指派、进度全面监控、结果统一上报等一体化现场实时管控策略，保障保供电过程信息流动与共享的效率通过保供电管理系统，提升各大型活动现场保供电统筹管理效率。

3. 输电移动应用与物联网技术融合

输电现场移动应用通过移动应用技术实现工单绩效联动、隐患流程管理，对工单与绩效数据进行分析与统计，实现工单的量化和价值化。然而对输电线路的现场作业缺乏有效管理，因此，输电环节可借助物联网技术实现输电线路在线智能监测、两票操作规范化管理、现场作业规范管理、施工进度监控等，从而为线路运维提供数据支持与预警提醒，促进现场作业及站务工作的协同效率和实时监控，全面提升运行管理的精益化管理水平。

4. 基建移动应用与物联网技术融合

基建移动应用针对目前基建现场管理存在工程质量管控难度大、工程缺乏有效的安全风险管控措施、工程现场作业效率低，难以保证所填表单的实时性及真实性等问题。

而对于基建的物联网应用，主要是通过 RFID 身份卡、视频采集器、电子围栏等物联网终端的组网方式，实现对作业人员的安全管理及绩效管理等，可细分的应用场景有现场作业规范化管理、现场作业安全监控、现场作业人员定位、现场作业人员绩效管理、现场作业安保管理等。因此，可以结合利用移动互联网实时信息交互及物联网智能传感技术的强大优势，通过信息化手段对现场作业进行有效管控，并实现数据交互，提高管理效率，必将能取得相当好的效果。

5. 物资出库移动应用与物联网技术融合

电网企业可在物质出库管理方面，可以通过移动终端扫描二维码，按实际货物的规格、型号，确认检货清单与实际货物一致，并生成配送计划以供其他服务功能处理。因此，借助物联网关键技术，仓库物资则可运用基于 RFID 的物联网传感技术实现智能化管理，RFID 比二维码更具备智能管理的优势，可以实现货物的批量扫描、位置管理及货物安全管理等。在物资出库管理方面，结合运用移动应用与物联网技术，将实现更加智能化的管理。利用移动应用及物联网技术的技术优势互补，在物质出库及仓库管理方面打造出更便捷的业务管理方式。

6. 物资配送移动应用与物联网技术融合

在物资配送监控管理方面，可将移动应用技术与物联网技术相结合。通过移动终端，结合车载设备、GPS 定位终端、物联网传感器等，系统根据配送地址及当时的道路情况，动态生成可以选择和导航路线，结合相关的选择参数，进行最优配送线路及备选配送线路的生成，以供物资配送员进行路线选择。系统并能实时根据线路的实时路况将更新线路信息推送到导航模块，配送管理人员，结合最优配送线路，在可视化地图上实时监控车辆运行情况，记录车辆的行驶状态、时间。物资管理部门在移动端可视化地图上实时查看所需求物资到达位置，距离送货地点所需时间等信息，提供历史配送信息轨迹的查询与统计功能。在配送过程中，司机可通过移动端使用文字、图片、语音等方式反馈在途信息（如交通事故、爆胎等）[16]。

9.5　电力物联网的关键应用领域

电力物联网作为第三次能源革命的核心技术产物，融合 5G 技术、人工智能、云平台和大数据等多项前沿技术，将支撑我国能源互联网的高质量发展，为我国能源行业的未来发展指明了方向。根据电网的运行特点与发展趋势，电力物联网具有提高电网安全运行水平、促进新能源消纳、开放电力市场和提供数据增值服务等多方面的关键应用领域。

1. 提高电网安全运行水平

电力物联网建设和发展可有效解决现阶段我国的电力能源分布不平衡、电网架构不合理、调节能力差等问题。结合数据共享和大数据分析等先进手段的应用，可推动电网运维检修高度数据化和智能化，实现电网设备实时监测、主动预警、智能巡查、优化控制及高效管理，提高电网的可靠性，从而最终提高电网安全运行水平。

2. 提高新能源的消纳能力

目前我国的可再生能源的应用率较低，风能、太阳能等清洁能源没有得到广泛和高效应用，主要是受限于风光发电间歇性的缺点，而且受制于西北、华北和东北（三北）地区存在严重的弃风、弃电现象。电力物联网通过建设虚拟电厂智能管控平台，利用人工智能技术，可实现源、网、荷、储的灵活互动，以多能少补的方式提高分布式新能源的并网水平，从而有效地促进清洁能源广泛、安全消纳。

3. 开放电力市场

电力物联网的建设可改变当前电力市场的格局。物联网技术的应用可实现风力、光伏和负荷信息的实时获取，将新能源和负荷凝聚成整体，作为电力交易现货，推动电力市场的全面开放。随着电力市场开放程度的加大，电力物联网的应用可实现基于电力现货价格和增量配电网、局域电网，甚至微电网等多种交易模式，促进形成网络化的能源生态体系。

4. 提供数据增值服务

电力物联网的应用可获取海量的数据，结合大数据技术和智能分析平台，从生产角度，这些数据可参与计划的制定和优化；从客户角度，数据可用于用户服务个性化定制，改善用户体验。金融行业、高校和科研机构对电力数据有着巨大的需求，电力企业通过签订合作协议，将数据租赁给相关的机构行业，可促进这些行业的发展。同时，科学研究可反哺电力物联网，促进电力物联网的不断完善，实现良性循环。

参 考 文 献

[1] 石志国，王志良，丁大伟. 物联网技术与应用. 北京：清华大学出版社，北京交通大学出版社，2012.

[2] 杨东升，王道浩，周博文，等. 泛在电力物联网的关键技术与应用前景［J］. 发电技术，2019，40（2）.

[3] 张冬杨. 2019 年物联网发展趋势. 物联网技术，2019.

[4] 高明，李文云，蒋亚坤，等. 二次系统一体化与电力物联网探讨. 2010 年云南电力技术论坛论文集（文摘部分）. 2010.

[5] 刘建明. 物联网与智能电网. 北京：电子工业出版社，2012.

[6] 张宁，杨经纬，王毅，等. 面向泛在电力物联网的 5G 通信：技术原理与典型应用. 中国电机工程学报，2019：7.

[7] 王毅，陈启鑫，张宁，等. 5G 通信与泛在电力物联网的融合：应用分析与研究展望. 电网技术，2019：4.

[8] 刘云浩. 物联网导论. 北京：科学出版社，2010.

[9] 王云霞. 论低压智能配电柜的技术创新及发展［T］. 电器工业，2012（5）.

[10] 信息安全与通信保密杂志社梆梆安全研究院. 2016 物联网安全白皮书［J］. 信息安全与通信保密，2017（2）：110－121.

[11] 王文心. 警惕物联网带来的新增风险［J］. 电信网技术，2017（4）：54－55.

[12] 李永忠. 物联网信息安全［J］. 西安：西安电子科技大学出版社，2016.

[13] 刘陶. 新形势下 IoT 终端安全趋势与对策研究［J］. 移动通信，2017，41（4）：25－29.

[14] 邹维福，陈景晖，翁晓锋，等. 电力物联网的风险分析及安全措施研究［J］，电力信息通信技术，2014，12（8）.

[15] 张文斐，王德辉，邹时容，等. 电力物联网应用信息安全技术研究. 电力设备，2018，24.

[16] 甘霖，刘育权，王柏勇，等. 移动互联技术在电网企业的应用. 北京：中国电力出版社，2018.

[17] 薛禹胜，赖业宁. 大能源思维与大数据思维的融合. 电力系统自动化，2016.

[18] 管晓宏，关新平，郭戈. 信息物理融合系统理论与应用专刊序言. 自动化学报，2019.

[19] 马世乾，崇志强，何富林，等. 平行能源系统：博弈的复杂社会技术系统. 电力系统及

其自动化学报，2018.
［20］ 张俊，王飞跃，林洁瑜. 平行智能与智慧能源：全面融合人因的社会能源技术. 中国电力，2018.
［21］ 罗晓伊，许厚东，佟如意. 基于全景视图的电力企业数据资产价值量化研究. 四川电力技术，2016.